歴史文化ライブラリー

21

蓮如

金龍静

吉川弘文館

原則として、初版で掲載した口絵は割愛しております。

目次

蓮如論の課題――プロローグ……1

蓮如の前半生

少年期・青年期の実像……6
教典の書写……16
中世の善知識と門流……22

一向宗の誕生

宗主と宗派の誕生……36
門徒団の誕生……50
寛正の法難……58

御文の地平

御文の成立と段階……74
聖教の成立……87
御文の世界観……93

加賀の一向一揆
仏法と王法……110
文明一揆……120
長享一揆……129
蓮如の家とその一族
御坊と寺内……138
蓮如の妻と子供たち……148
他派の参入……158
教団組織の実態と原理
編成の三制度……168
年中行事と地域的結集……175
末端の実像……186
蓮如の最後――エピローグ……195

略　年　表
関連地図
あとがき

蓮如論の課題──プロローグ

1

実像の追究

蓮如は応永二十二年（一四一五）春、本願寺七代の存如《ぞんにょ》の長男として生まれた。四三歳で寺を継職したのちは、本願寺という一寺の復興ではなく、「一向宗《いっこうしゅう》」（浄土真宗の旧名）という新宗派・教団の形成に全力を傾けていった。宗教集団としての一向衆は、急速に勢力を拡大し、社会的・政治的にも一大勢力となる。かくして蓮如は、現代までつづく浄土真宗という教団の事実上の祖としての面とともに、戦国の動乱期をかざる、歴史上の著名な人物という面をもかねそなえることとなったのである。明《めい》応《おう》八年（一四九九）、ほぼ十五世紀のほとんどを生きた蓮如は、八五年にわたる生涯を閉じた。平成十年は、その蓮如が没して五〇〇年目にあたる。真宗は、奈良仏教のような機能を停止した宗派でないこともあり、東西両本願寺では、教団あげての「五百回忌法要」をおこなう。

蓮如は、中興の祖として、親鸞の教えをわかりやすく、熱心に、多くの人々へ伝えたと評価する人は多い。また、親鸞の教えを歪めた張本人と批判する人も存在している。この両見解は、正反対の説であるにもかかわらず、ともに現代の教団内におけるいわば常識的な通説として、現在も流布されつづけている。本書では、この種の「教団の常識」的な諸見解を注意深く検討し、可能なかぎり当時の「実像」にせまり、そして蓮如のおこなったことの、歴史的な意味づけをしてみたいと思っている。

人物史の課題

蓮如が著名な理由は、たんに高僧・名僧だからなのではない。高僧伝に列記される僧は、それこそたくさんいる。著名な理由は、無数の人々が参画する教団をはじめてつくりあげ、戦国期の政治史上に登場する一向一揆とも密接に関連する人物だからである。蓮如を語る場合は、歴史小説と同様に個人史とか人物史へとしぼりこむことは、全体的意義を部分的なものへと狭めてしまう危険性をはらむものである。したがって、人物史のみならず、教団論・一揆論をも、はじめから視野に入れることが不可欠である。

宗派には、近世以来の伝統を有する「宗学」がある。宗学は、近世前期以降、蓮如から親鸞を理解し、近世末期以後は、親鸞から蓮如を理解する、そのような方向性をたどってきたといわれている。どちらもいわば「縦の視線」であり、親鸞と蓮如の共通性・一体性をうたう立場にたっている。これにたいし、歴史研究者は多くの場合、同時代の史料や同時代をあつかった諸論考をたえず反復学習しつづけているため、「縦の視線」より、むしろ「横の視線」の方に関心をむけるのを常としている。当該期の人々が、「上人蓮如」の何に心をうたれ、教団へ参画していったのか、その心を少しでも復元することができれば、とおもっている。

史料論の課題

現在にいたるまで学術的な水準をたもっている研究書は、佐々木芳雄氏の『蓮如上人伝の研究』（中外出版、大正十五年刊）と、森龍吉氏の『蓮如』（講談社現代新書、昭和五十四年刊）の二書が双璧をなす。そのほかにも、蓮如に言及する著書や論文は、枚挙にいとまがないが、その多くは内容的に平板で、いま一つものたりない感がする。その理由は、『御文《おふみ》＝御文章』と言行録（蓮如に関する子供や門弟の「行実」類）、それにせいぜい『本福寺跡書《あとがき》』といった、典籍史料の中に記された「文字情報」でくみたてられた「蓮如像」だからである。典籍は史料であるが、資史料は典籍だけでない。文書・教義書・文献・法物・由緒書・建造物・歴史地理など、さまざまな資史料を可能なかぎり導入していかなければならない、ということでもある。また、それら資史料を利用する場合、単に内容情報ばかりに注目するのではなく、どうしてそれが誕生・存続したのか、どうしてこういう形態をとったのか、いったいいかなる機能を担ったのか、といった本質的な課題をも、考慮してみなければならない。

蓮如の前半生

少年期・青年期の実像

誕生と母親

蓮如は、応永二十二年（一四一五）春、京都東山大谷の本願寺で生まれた。父の存如は二〇歳で、当時はまだ四〇歳の祖父巧如《ぎようにょ》が、本願寺の住持であった。母は、巧如の亡き妻に仕えていた無名の一女性である。生国にかんしては、二説あるが、そもそも周囲の人々が、出身地の方言を混同して記憶するはずはないとの前提にたつと、豊後（大分県）の「とも」の出身ということになる。

童名を幸亭《こうてい》というが、両親は布袋丸《ほていまる》とよんでいた。おそらく頬がふっくらとした、七福神のような感じの幼児だったのだろう。父の存如は丸顔でないので、布袋丸は母親似の顔だちだったものとおもわれる。現在、写真の解析技術は格段の進歩をしており、近い将来には、存如・蓮如の両画像から、母親の顔の復元も可能となってくることだろう。

数え六歳の応永二十七年（一四二〇）、もうすぐ正月を迎えるといったあわただしい年の暮れに、母親は、わが子の寿像《じゅぞう》一幅をかかえて、忽然と本願寺から消え去った。以後の行方《ゆくえ》は一切不明であった。のちに蓮如は、出奔の十二月二十八日を母の命日としている。出奔の理由は、父の存如が近いうちに、幕府奉公衆の海老名《えびな》家から正室（如円尼）を迎えることになったためと推測されている。

継職後の四十数歳のある日、蓮如は、その寿像を描いた絵師の所在を尋ねだし、往時の下絵を多数発見、一番似ている下絵に、かすかに記憶にのこっていた「鹿子《かのこ》」文様を、小袖に書き入れさせたという。子鹿の斑点模様の絞りは、室町中期ごろから流行しはじめた、小袖に加飾する絞《くくりぞめ》染技法の一つ、といわれる。今流に解釈すると、「HANAE・MORI BY TAKASHIMAYA」の最新ブランド品ということになろうか。母親は、もう二度と目にすることのないわが子に、このようなハイカラな小袖を着せて、何枚も絵師に書かせ、一番納得する寿像を持ち去ったのである。

志願の起点

蓮如はいつごろから何を契機に、宗教的な心をもったのだろうか。その最初の出発点は、少年期の個人体験にあったものと推測される。両親に見捨てられた絶望感、誰からも期待されずにすごす日々。そのなかで、唯一あたたかく見まもりつづけ、はぐくみつづけたのが、東山大谷の名号《みょうごう》本尊（覚如筆）と親鸞《しんらん》祖像《そぞう》だった。ある日ある時に、そのことに突然気づいたというわけではないだろうが、じょじょにしかし確実に、幸亭は、如来と聖人《しょうにん》からの「願《がん》に生きよ」との呼びかけを心に受けとめ、「信《しん》に死する」生涯を歩もうと意を固くしていったのではなかろうか。

蓮如は寛正二年（一四六一）の最初の『御文《おふみ》』の中に、「スミヤカニ弥陀如来光明《みだにょらいこうみょう》ヲハナチテ、ソノヒトヲ摂取シタマフ」と書き記す。それは親鸞二百回忌法要を機縁にして、四十数年間あたためていた思いを記した、心の表白であった。したがって、「ソノヒト」と記された箇所は、不特定多数の人々を想起するのではなく、「コノワタクシ」を摂取《せっしゅ》しつづけてくれたことへの、蓮如自身の感謝の告白と、理解して読みかえすべきであろう。

捨てられた自分であるが、しかし同時に、願われているこの私であった（教義的な言葉でいうと「法の目当てである機の自覚」）という自身の体験を、一人でも多くの人々に伝え、わかちあっていきたい、この願いこそ、蓮如の伝道・教化の起点であった。この熱い思いに心うたれ、さまざまな人々が、蓮如の元へ結集しはじめていった。当時の本願寺はわびさびとしていたといわれるが、たんなる寺院復興の願いから、この志願が形成されていったのではない。志願がさまざまなかたちとなって結実し、その一つの結果として、本願寺の復興がなったのである。

猶子と得度

当時の社会では、一五歳になると「成人なり」の儀式をおこなうきまりであった。幸亭は、それより二年おそい永享三年（一四三一）一七歳の時、公家の広橋兼郷《ひろはしかねさと》の猶子《ゆうし》となり、一字をもらい、俗名を兼寿《けんじゅ》と称することとなった。猶子成りにひきつづき、粟田口《あわたぐち》の青蓮院《しょうれんいん》で得度《とくど》した。青蓮院での得度もまた、古くからの習わしであった。兼寿という名が、そのまま天台僧の官僧名となった。この時、同時に蓮如という法名が与えられたのか、青蓮院から退出して、本願寺内で隠遁する形を踏んだ後、蓮如と自称するようになったのか、定かではない。

蓮如の叔父の如乗や常楽台の空覚も、蓮如の異母弟の応玄《おうげん》も、一度は青蓮院に席をおいていたことがあり、寺院としての本願寺は、天台青蓮院の「外様《とざま》」的な子院と位置づけられていた。大谷の本願寺の寺域自体も、当時の「青蓮院門前町」の一角に存在していた。四代善如・五代綽如《しゃくにょ》は黄袈裟《きげさ》・黄衣を着けていたといわれるが、これこそ、天台僧侶としての正装だったのである。

そもそも顕密《けんみつ》寺院の一子院が、帯妻世襲の者によって、自動的に継職されることは不可能である。そのため、本願寺の代々の者は、そのつど、親鸞の出た日野一族のしかるべき家の猶子となり、その家の子として青蓮院で得度して僧侶身分をえて、再度本願寺へ入寺するといった、きわめて煩瑣な手続きを踏まなければならなかったのである。なお、得度が先であったり、得度と猶子成りが同時ということは、ありえない。

結婚と生活

蓮如は、二〇歳代後半に結婚した。当時としては晩婚といわれている。そして生涯に五人の妻をもった。ただし同時に二人の女性を妻にしたことはない。最初の妻は、伊勢貞房の娘の如了《にょりょう》で、四男三女を生み、蓮如四一歳の時、夫の継職も子供たちの行くすえも見定めることなく没した。継母・貧困・前途の不定といった、一番困難な時期をともにすごした女性である。

その三・四年後に、妹の蓮祐《れんゆう》が嫁ぎ、九代実如など三男六女を生み、蓮如五六歳の時（文明二年）に没した。継職・一宗樹立・寛正の法難・近江の流転といった、激動期をともにした女性である。伊勢氏の本家筋は、代々にわたり、将軍足利家の家宰《かさい》たる地位を占めており、貞房の属する下総守家《しもうさのかみけ》は、分家の分家筋あたり、将軍家の親衛隊を構成する奉公衆《ほうこうしゅう》の家であった。

蓮如の一家は、貧困にさいなまれたらしく、この苦難の時期の逸話が種々伝わっている。

偉人伝にありがちな逆境伝説という見方もあるが、しかし四・五〇代の蓮如寿像の中には、幼少時に布袋丸といわれた面影とはちがって、頬骨のでた痩せた顔相のものも見うけられる。もっとも当時は、戦乱・飢饉がつねに襲いかかり、庶民はもとより、公家すらも朝廷に出仕するための服装をととのえることが困難な状態であった。ただ、貧困という事実は、現代とちがって、中世ではさほど恥とか不名誉なことではなかった可能性もある。かりに現実の生活が経済的に豊かであっても、清貧さが、人々の尊厳をえるという価値観の時代であり、物質的な豊かさを権力の象徴として誇示するような、いわば「重商主義」的な価値観の変動がおこるのは、豊臣秀吉の時代がはじめてであったとも指摘されている。

さて、如了の生んだ子供たちは、長男順如をのぞき、つぎつぎと他宗派の寺院などへ里子に出されている。おそらく口べらしがはかられたのだろう。次男蓮乗は南禅寺の喝食《かつじき》となり、二女見玉・三女寿尊は、二条万里小路の浄土宗浄華院へ入っている。三男蓮綱・四男蓮誓も浄華院流の華開院（上京区）で出家している。浄華院《じようけ》は鎮西派一条流に属し、向阿証賢（一二六四〜一三四五）を開基とする。証賢の『三部仮名鈔』（「十王讃嘆修善鈔」）は、『御文』の「八万法蔵の章」の出拠の一つといわれ、この『三部仮名鈔』を開版した隆堯（一三六九〜一四四九）の「安心大要抄」は、実悟《じつご》の「聖教目録聞書《しようぎようもくろくききがき》」のなかにも収録されている。

なぜ浄華院は、蓮如の子供たちをひきうけたのだろうか。浄華院の有力護持者は、日野家と伊勢家であった。おそらく日野家の口聞きで、叔母の見秀尼が、その一末寺に入寺し、今度は、その叔母や伊勢家の口聞きで、蓮如の子供たちが入寺することとなったのだろう。とすると、猶父家と実家筋とが、浄華院経由で、蓮如という人物に、きわめて強い人間的な関心をしめしつづけていたということになろう。

大谷家の位置

当時の大谷家が、武家・公家集団のなかでどの程度の地位にあったのか、この推論をしてみよう。広橋兼郷の猶子には、蓮如のほかに、近江木部《きべ》の錦織寺慈範と奈良興福寺の松林院兼雅がいる。兼雅の後継者である兼親は、伊勢本家の貞親の子であった。伊勢本家や真宗系の一門流の本寺である錦織寺と、身分的にほぼ同格とみなされていたことがうかがわれる。また、公家的な官位から推論すると、蓮如・順如は中納言を極官とする。専修寺・誠証寺の住持は大納言なので、寺家としては格下とみなされていたことがわかる。

親類の寺々

祖父の巧如は、永享十二年（一四四〇）に没した。蓮如二六歳のときである。巧如の弟である頓円《とんえん》と周覚は、ともに越前に住みつき、前者は藤島

（福井市）超勝寺、後者は志比庄（永平寺町）興行寺の開基となった。両人の子や孫は多数におよび、それぞれ北陸各地に寺基をうち建て、一大勢力となっていく。頓円とその子孫にかんする人物評が、『反故裏書《ほごうらがき》』（蓮如の孫の光教寺顕誓作）に記されている。それによると、頓円は「法流ツフサナラサリシ」、子の如遵《にょじゅん》は「ヨロツ父ノ道ヲマナフ事マレ」、孫の巧遵も「法流ニウトく〳〵シ」と、評価はきびしい。

周覚の子女を一覧すると、長男永存は石田（鯖江市）西光寺を創建し、長女・次男は時衆《じしゅう》となり、次女は照護寺良空の妻となっている。照護寺（現・福井市）は六角堂とも称され、がんらいは非真宗系の寺と推測できる。四女は、山本庄（鯖江市）に下っていた毫摂寺（覚如の高弟出雲路乗専の開基）善智へ嫁ぎ、三男は興行寺を継ぎ、四男は白山信仰の本寺である平泉寺《へいせん》に入り、五男は守護斯波《しば》氏に属し、六男は善智の養子となっている。

超勝寺・興行寺の歩みをみると、これらの庶子一族には、本願寺への宗派的な帰属意識は、いまだ存在していなかったことがわかる。血縁と法脈は別との認識である。両寺は、高田系に属する寺院、あるいはなかば独立的な天台浄土教の寺院として存在していたものと推測される。福井市成福寺の「由緒略記」は、近世に成立したものであるが、「玄真（周覚）……法流ヲ天台ニ酌ミ……代々天台ノ教ヘヲ遵法《じゅんぽう》」すと記している。超勝寺・興

略系図(1)

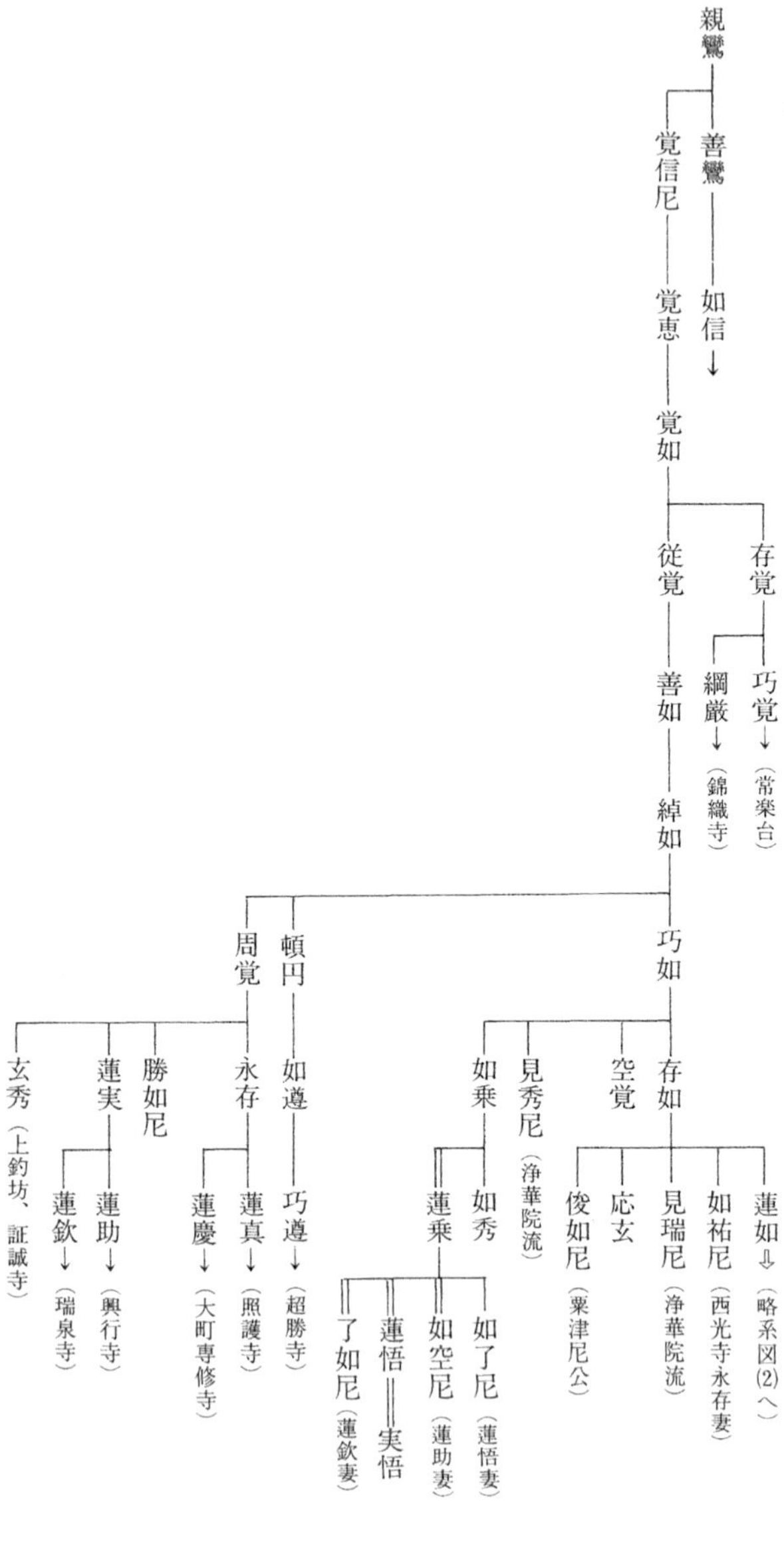
親鸞
善鸞
如信↓
覚信尼
覚恵
覚如
存覚
巧覚↓
(常楽台)
綱厳↓
(錦織寺)
従覚
善如
綽如
巧如
存如
蓮如⇩
(略系図(2)へ)
如祐尼
(西光寺永存妻)
見瑞尼
(浄華院流)
応玄
俊如尼
(粟津尼公)
空覚
見秀尼
(浄華院流)
如乗
如秀
蓮乗
如了尼
(蓮悟妻)
如空尼
(蓮助妻)
蓮悟
実悟
了如尼
(蓮欽妻)
頓円
如遵
巧遵↓
(超勝寺)
周覚
永存
蓮真↓
(照護寺)
蓮慶↓
(大町専修寺)
勝如尼
蓮実
蓮助↓
(興行寺)
蓮欽↓
(瑞泉寺)
玄秀
(上釣坊、証誠寺)

行寺の門徒団にしても、もっぱら青蓮院系寺院の一僧侶をもらいうけた、との意識だったのだろう。

存如の姉妹は三人である。摂受庵の見秀尼、常楽台（常楽寺）に入った空覚、そして北陸へ下った如乗である。空覚の入寺により、常楽寺とは一番深い血縁関係で再度結ばれ、本願寺は存覚（覚如の長男）の作になる各種の聖教類《しょうぎょうるい》の原本を、直接閲覧できることとなった。蓮如の三歳年上の如乗は、青蓮院内の僧侶であったが、若いころに将軍足利義教《よしのり》の不興をこうむり、越中井波の瑞泉寺に蟄居《ちっきょ》、やがて周覚の三女の勝如尼と結婚し、加賀二俣（金沢市）に本泉寺を開く。

蓮如に強く心をよせた如乗と勝如尼は、蓮如の子女をつぎつぎ養子としてもらいうけた。蓮如次男の蓮乗は娘の如秀と結婚、七男蓮悟は孫娘の如了と結婚し、本泉寺を継ぐ。九女了如には一族の蓮欽を婿として、井波瑞泉寺に住わせ、六女如空を実家の興行寺に嫁がせている。この結果、興行寺系の一族はこぞって蓮如のもとへと結集し、蓮如の子女らも北陸各地で大きく巣立っていくこととなる。その意味では、後に勝如尼が、北陸道における「当流」の仏法を再興した人と評されたのも故なしとしない。

教典の書写

教典書写

青年期の蓮如は、種々の教典類を精力的に書写しだす。それは、私人から宗教者へと成長していく過程でもあった。この書写にかんして、生活の糧をえる手段という見方もあるが、当時の慣行からみると、恣意的な教典書写は許されず、師匠である父存如の許可を得た形での書写という右筆《ゆうひつ》行為自体、将来の法義相伝の後継者とみなされだしたことがうかがわれる。実際、継職前の存如も、父巧如から書写を許されていた。

蓮如書写物は、六〇点ほど現存する。概要は、『教行信証《きょうぎょうしんしょう》』・『三帖和讃《さんじょうわさん》』・『愚禿鈔《ぐとくしょう》』などの親鸞著作物、『口伝鈔《くでんしょう》』などの覚如の著作物、『六要鈔《ろくようしょう》』などの存覚著作物、『安心《あんじん》決定鈔《けつじょうしょう》』や『歎異鈔《たんにしょう》』などのその他の著作物といった、四類からなり、しかも各類がそれぞれ、およそ四分の一ずつの割合からなっている。ほとんど親鸞著作物ばかりという、現代的な思い込みからすると、この比率は意外である。

このことから、青年・壮年期の蓮如の手もとの教典類は、覚如・存覚の著書が中心であったことがうかがわれる。本願寺は何より「覚如図書館」であり、叔父の空覚が常楽台へ入寺していたので、「存覚図書館」の様相もかねることになっていたのである。その一方、親鸞著作物の各種「漢語聖教・和語聖教」の原本や良質の写本は、ほとんど手もとにないというのが実情であった。実際、親鸞著作物一二種類のうち、五種類のものしか書写していないのである。蓮如のみた『愚禿鈔』も、じつは聖人自筆本でなく、存覚書写本からさらに転写した一写本であった。

相伝の実態

とするといったい親鸞著作物はどこに存在していたのか。高田派の本寺である下野国の専修寺《せんじゅじ》こそが「親鸞図書館」であった。法義の相伝という具体像は、たとえば、全門弟の注視するなかで、法然が自分の著作物の書写を許し、自分の影像を与え、親鸞が同様の作法で高田の真仏《しんぶつ》に許し与えるということである。原本第一主義は現代史料論の常識である。しかし中世宗教界は、そうではなかった。師匠の承認下で書写し、師匠が外題《げだい》（師判）を記す、全門弟は、この新たなる写本所持者を次代の師と仰ぐのである。その種の公的写本こそ、原本以上に重要なのであった。相伝書写本には、原本と極似したものが存在する。字体のうえからも一体であらねばならぬ、といった思い入れで書写されたのだろう。なお、この種の相伝書は、末尾に書写制限＝無断複製禁止の文言があるか否かにかかわらず、本質的に書写が限定されたものであった。

覚如は、親鸞の法義を如信《にょしん》から授かったと主張した。しかし如信が親鸞から、覚如が如信からどのような教典書写を許されたのか、いっさい不明である。かりに「口伝《くでん》」で法義を相承したとしても、それは新儀の作法であり、親鸞直弟の諸門流が、「口伝」を主張しだした覚如のもとへの結集を躊躇したのは当然である。この結果、本願寺は孤立状態となり、長い間にわたって貧困・暗黒・低迷時代をすごすこととなる。

和讃本　法義の相伝がないということは、『和讃《わさん》』を例にとると、安堵《あんど》の外題を得た相伝写本を、本願寺は保持していないということを意味する。蓮如の書写した和讃は、文安本・享徳本など四種類あり、それと文明五年開板本を含めた、計五種類の和讃本を比較すると、各和讃の首数が一定せず、増減を示している。唯一絶対の相伝写本がない状態にあって、ありうべき理想の祖本に少しでも近づけようとしつづけた、懸命な努力の軌跡、それが首数の増減であったと理解することができる。

実際、覚如・存覚の書写した和讃本は、本願寺に存在しないといわれている。隆盛を誇っていた仏光寺派では、南北朝ころから『正信偈《しょうしんげ》』や『和讃』を依用していた。それは、荒木門流の指導者である明光《みょうこう》が、仏光寺開山の了源に直接指示したものと伝えられている。越前を中心に展開していた三門徒グループも、和讃を用いていた。なかば独立的な各地域の有力寺院も、その影響をうけて、和讃の入手に関心を示したのであろう。しかし、それらの寺院が、「総合図書館」と誤認して蓮如に下付を求め、その結果入手した書写本を、かりに他の門流の本寺から入手した書写本と比較したとき、あるいは愕然としたのではなかったろうか。

中世の仏教界では、書写聖教の下付を受けることは、師弟関係を結んだことを意味し、聖教の召しあげ（＝悔《く》い返《かえ》し）は、師弟関係の破棄を意味した。しかし、当時の本願寺には、寺号を与えて、各地に末寺を創建・育成していこうなどという姿勢はみられない。したがって、蓮如に下付を求めた京都金宝寺《こんぽう》とか加賀光徳寺などは、既存の諸門流に属していた寺院か、あるいは独立的な寺院だった可能性が考えられよう。

蓮如は、書写をかさねていく過程で、その研鑽範囲を、広く浄土系諸門流の教典類にまで広げていった。有名な『歎異鈔《たんにしよう》』は、唯円《ゆいえん》門流の相伝すべき仮名聖教である。門流的な発想からすると、他門流に属する教典を勝手に書写したり下付したりすることは、ありえないことである。しかし、蓮如はそれをおこないつづけた。浄土系諸門流の最新学説の修学が直接的な目標だったのであろうが、書写の過程で、門流的な制限を超えた、すなわち法義の相伝の有無に拘束されない、自由な教典下付が可能かどうか、この課題に突き当たったに違いない。さらに、法義の師匠である善知識《ぜんぢしき》からしか、法義は相伝できないのか、教典を作成した当の本人から、時を超えて直接拝受する途はないのか、これらの諸問題に考えを巡らしつづけたことだろう。この課題をのりこえるには、その前提である中世の善知識観の根本的な見直しが必要であった。

蓮如の思い

蓮如は、覚如・存覚から出発し、しかしそれに満足することなく浄土系諸門流の教典まで吸収し、最終的に親鸞へたどり着いた。親鸞に立ち帰れというスローガンは、現代の教団内でもまま耳にするが、その最初の提唱者が蓮如であった。もっとも現代のわれわれのように、『大蔵経《だいぞうきよう》』とか『真宗聖教全書』を机の上にならべて、「宗祖」だから当然親鸞が出発点、といったのではない。およそ二〇年にわたる研鑽と試行錯誤をへて、さまざまな師の作となる教典類と出あい、今後叙用すべきものを絞りこみ、そのなかから最終的に、親鸞の教典類を主たる聖教とし、覚如・存覚のものを従とする方向性を確立していったのである。

中世の善知識と門流

中世の善知識観

真宗系の教典（聖教・典籍）類には、「善知識《ぜんぢしき》＝如来・菩薩」観がところどころに散見される。親鸞は、信心の人を諸仏と等しい（『末灯鈔《まっとうしょう》』七）とのべ、南北朝期の了源作と仮託されている『念仏相承血脈掟書《けつみゃくおきてがき》』では「往生ヲウルコトハ、知識ノチカラナリ」と、荒木門流の指導者である了海作の『他力信心聞書』でも、「知識ト申スハ他力ノ顕《あらわ》ル、使者ノ名ナリ」と記している。高田派の『一向帰西鈔』でも、「世々ノ先徳タチヲ、生身《しょうしん》ノ如来トアガメタテマツ」るべきという。

十四世紀前半の時宗七祖の託阿《たくあ》は、「知識は是れ生身の仏体なり」といっており、この善知識＝如来等同観は、真宗系にかぎらない、いわば中世における常識ですらあった。草木にまでみなことごとく仏性《ぶっしょう》がやどっており、ましてや善知識ともなれば、如来と等しい、いや如来そのものであるということなのだろう。織豊期の実情を記すルイス・フロイスは、臨済宗の本山である大徳寺の塔頭《たっちゅう》には、本尊でなく、「開山すなわち彼ら（の宗派）の創始者である最初の僧侶の像」が置かれていたと報告している。中世の本願寺においても、親鸞祖像の厨子《ずし》の開閉をつかさどる下間《しもづま》氏は、「必ず精進《しょうじん》にて、妻子もたれざり」という、「聖僧」であった。これは、祖像が聖的な本尊のごとく認識されていた反映なのだろう。

代々の善知識が如来と等同ならば、ある善知識から法脈を伝持された次代の善知識も、また如来と等同ということになる。したがって、たとえば善導・法然・親鸞・真仏《しんぶつ》・顕智・専空以下の高田派の歴代は、すべて対等なのである。ところが戦国期の各派の実態をみると、それぞれ特定の「開山」を立てていることがうかがわれる。すなわち文明十五年（一四八三）の「仏光寺造立奉加帳」では、了源を「開山上人」とし、専修寺真慧の『顕正流義鈔』では、「高田開山真仏上人」と記し、そして本願寺は親鸞を開山としている。各門流内では本来的に、法脈伝持上の特定の師を絞り込み、それ以外の師を排除しようという意識は存在しなかったはずであるが、にもかかわらず、戦国期にあえて「開山」と表明しなければならなかったことこそ、蓮如による開祖設定という動向に、強く影響をこうむった結果と推測されるのである。

さて、善知識がそれぞれ対等な場合、相伝の教義は、そのすべてを忠実に叙用してもよいし、部分的に独自の教説を付けくわえることも可能である。その結果、代を重ねる過程で、当初の教説は次第に変化を遂げていくケースも生じてくる。これをたとえていうと、東京駅の駅長→名古屋駅長→京都駅長→新大阪駅長→博多駅長と、順々にあるメッセージ(口伝)が伝言されたとしよう。途中の駅長は、そのままつぎの駅長に伝える場合もあろうし、あるいはこれが真意なのだろうとかってに推測して、わざと私見を加えて伝える場合もあるだろう。この結果、始発駅と終着駅の駅長の真意がまったく違ってしまうケースもでてこよう。でも、これは非難される筋のものではない。各駅長とも、身分的・地位的に対等であり、別に東京駅の駅長の部下ではないからである。中世の教説は、一面では、たえず時代相応の教説へと変化しつづけ、他面では、根本的・普遍的な教義が不在であったものとおもわれる。

談義本の世界

中世の各門流は、それぞれの教説を広めていくために、比喩・因縁談を取り交えた、多数の「和語聖教」を作成している。いわゆる「談義本《だんぎ》」

と総称されるものである。その一つである、伝存覚作の『真宗至道抄』(『真宗史料集成』五、三五七ページ)を取り上げてみよう。このなかに、「勢至《せいし》ハ……宝瓶ノナカニ、前生ノ父母ノ遺骨ヲヲサメタリ」という一文がある。現代のわれわれはこの一文を、非真宗的と一笑に付すだろう。ところが、戦国末期の宣教師も、九州のある一向衆の発言として、「(勢至)等は、母の骨を集めて聖宝となし」と、記しているのである。この「骨壺」にかんする一文は、『父母孝養鈔』(伝存覚作)のなかでも言及されており、ともに『心地観経』を共通の出拠にしている。同経の名は、古くは貞和二年(一三四六)の「十三箇条々」(大阪府柏原市光徳寺蔵)にもみえ、この種の密教系の教典が、古くから真宗系の門流内に流入してきているのである。

密教的な教説は、「南無阿弥陀仏」の名号《みょうごう》の解釈にまで影響を与えている。『即身仏体鈔』には、「肝ノ臓ハ……南ノ一字ナリ、心ノ臓ハ……阿……、脾ノ臓ハ……陀……、腎ノ臓ハ……弥」と、『心血脈抄』には、「南ハ父、无ハ母ナリ。故ニ名号ノ父、光明ノ母」と字訓している。そしてイエズス会の宣教師も、「阿は男の諸聖……、弥は女の諸聖、陀は悉く救ふべしといふ意」と報告書に記している。善知識は聖的であり、その手も、その手になる文字自体も聖的で、漢字の一字ずつにすら、聖的な意味がこもっているという観念である。中国浄土教の祖である善導や法然によって説かれた、いわゆる正当な「六字釈」は、かげを潜めてしまっていることがしられよう。後年、蓮如は『御文』のなかで、「仏凡一体・機法一体」の六字釈を提示しつづけるが、古来からのこの伝統的教説は、かえって新鮮な感じで迎え入れられたにちがいない。

蓮如の善知識観

蓮如は『御文』の中で、「弥陀ヲステ、タ、善知識バカリヲ本トスベキコト、オホキナルアヤマリナリ」、「予ニ……手ヲアハセヲカメルコト、モテノホカ」とのべる。彼は、中世の常識に対して、如来・諸菩薩と善知識との分離を宣言し、善知識をあくまで、門末に対する指導的立場（教授・能化）にあるべき存在（『御文』三―六、二―一一）と、規定しなおしたのである。『御文』に、生前における如来等同の主張（「現生正定聚《げんしょうしょうじょうじゅ》」）はほとんど見受けられない。往生してはじめて等同となるからである。

この蓮如の主張は、直接的には、きわめて強い人間的魅力をかねそなえた教説指導者（人師・善知識）との一体感を体験することなく成長していった人生を、そのまま投影したものと想像される。青年期の蓮如は、中間的存在たる善知識の介在する余地のない、弥陀に包摂されているこの私という世界を見いだしたと言いかえてもよい。さらに、伝統的な教説上からみると、覚如の「凡形《ぼんぎょう》ノ知識ヲモテ、カタシケナク三十二相ノ仏体ト定ムランコトヲ、浄土ノ一門ニ於テハ、カヽル所談アルヘシトモ覚エス」、「本尊ヲハナレテ、イツクノホトヨリ知識ハ出現セルソヤ、（あくまで）如来ノ代官ト仰《あお》ヒテアカムヘキ」（『改邪鈔』）という主張に、もっとも近似している。おそらく覚如の著書を研鑽する過程で、強い影響を受けたにちがいない。蓮如が、このような善知識批判を積極的におこないえたのは、前代までの本願寺がまったくといってよいほど門流的展開を遂げておらず、代々の善知識（先徳）による法脈＝血脈相承の伝統を有していなかった（真慧『顕正流義鈔』）からでもあった。

門流論

仏教の諸集団を、宗派名で称することは、古代からの通例である。しかし、各時代の宗派は、それぞれ内実がまったくちがっていた。古代の宗派は、依用の大乗経典ごとに、倶舎宗《くしゃしゅう》・三論宗などと称されていた。中世の宗派は、師匠たる善知識とそれに集う門弟たちの集団、すなわち門流がその実態をなしていた。私たちの知る現代の宗派のイメージは、戦国期以降の新たなる宗派観にもとづいており、古代・中世の実態と大きくちがっているのである。

中世の門流形態においては、次代の善知識が複数の場合、如来として等同であるから優劣はつけられず、複数の人々の合議制となるか、あるいは分裂して、それぞれ独立することとなる。本末制度という近世的な宗教法が未制定な中世にあっては、必ずしも本寺をいただく必要はなく、そのため独立をはばむことは容易ではなかった。次代の後継者に宗教的な能力が欠けている場合、それでも集団維持のためにあえて師匠が任ぜられ、その結果、集団自体が縮小・消滅していくケースもあったことだろう。

中世の仏光寺の場合、本山の仏光寺住持の意思は、寺内六坊あるいは十二坊の住持（子院・院家）たちの合議によって、かなりの拘束をうけている。本山の住持が君臨する体制でなく、「合議」による集団指導体制といってもよい。仏光寺住持と寺内各子坊の住持は、師匠と弟子との関係であるが、一方では対等な善知識どうしでもあり、さらには共通の始祖をいただく「同族伝承」を共有する人々でもあった。この種の、組織体というより集合体とでもいうべき形態の方が、むしろ中世における主流であった。

越前の三門徒派の場合、本山は四ヵ寺あるが、各本山の歴代住持（宗主）は、現在の最新の研究でもっても復元しきれないケースが多々ある。その理由は、門流内に対等な善知識が複数併存しており、そのなかの有力なある代表者が、特定の場所に不変的に設けられた「本山」へ入り、門流の主として君臨する、といった体制にはなっていなかったからである。おそらくは、有力な師匠のもとに、さまざまな門弟が組して、グループ化・系列化し、自らの発言力とか存在感を増そうとしつづけたことだろう。たえまない分裂、集団的共通意識の欠如、そして師匠たちによる私見を交えたファジーな不規則発言（これが、のちに蓮如から批判をこうむった「秘事」と推測される）。それらは門流の将来にとっての大きな危機であった。

戦国期の高田派の場合をみると、親鸞聖人の正当なる継承者とも、法然上人の末流とも、元祖真仏・開山真仏ともいっている。法要は、十一月二十八日の親鸞の忌日のほかに、三月八日の真仏の忌日にも、とりおこなっている。本山も、伊勢の一身田無量寿寺と越前の熊坂専修寺に分立し、このどちらを本山とするか、派内を二分した激しい戦いで、戦国期の一世紀をすごしている。この種の混乱は、たまたま偶発的・恣意的に発生したものなのだろうか。否。最大の原因が、やはり対等な善知識観にあったことは明白だろう。この混乱を終わらせる抜本的な方策の提示は、各門流の人々にとって、きわめて重要でかつ緊急を要するものであった。その打開案として、高田派の真慧《しんね》は、「タトヒ師匠ノ子ニテソロトモ、本師ヨリ仏法伝授セスハ、血脈ノ義ニテアルヘカラス」と主張し、善知識至上主義を打ち出した。これまでの対等な善知識観を否定し、絶対的存在者として本山に常住する唯一の善知識（＝真慧）への結集を呼びかけたのである。いっぽう、真慧と同時代に生きた蓮如は、如来等同説を否定し、まったく別な「本尊」への結集を新たに呼びかけていく。門流のかかえる本質的・構造的危機をいかに乗り越えていくべきか、ともにその課題にたいする真摯な試論であった。が、多くの人々は、後者の試論を選択し、蓮如のもとへといっせいに集いはじめることとなる。

東国への旅

蓮如の子供の実悟は、蓮如が三度にわたって東国へ下ったと記し、側近の空善の記録によると、蓮如は二度にわたって「奥州」へ下ったとしている。しかし、それがいつごろだったのかは、もはやこの段階ですら判然としていない。その一方、近世になると、『蓮如上人遺徳記』や『大谷本願寺通記』などの史伝類には、文安四年（一四四七）夏という説と、宝徳元年（一四四九）春という説が登場する。とくに宝徳説は、蓮如が三五歳で、親鸞も同じ歳に上越へ配流となっていることから、通説的地位をしめている。

実悟の記録類をもとに、「最初」の東国・奥州行きの旅を復元してみよう。それは、蓮如三十余歳の夏で、南関東経由の奥州「下郡」行きであったという。徒歩の長旅で、わらじがくいこみ、その痕が生涯残ったといわれる。鎌倉の常葉の善鸞（親鸞の子）旧跡（実は覚如の叔父の唯善の旧跡）の前を通ったとき、笠を深く傾け、見ずに通過したともいわれる。

この旅を、『通記』などで補足すると、一行は一八人で、相模山善福寺が道案内をつとめた。一行に加わっている専称寺は、この前後に越中から加賀の川崎（現・加賀市）へ移った寺である。同じく大和百済《くだら》寺は、広瀬郡百済庄の地名（現・広陵町）で、やがて願成寺と号し、天文元年（一五三二）の大和一向一揆で廃絶する。

二度目の東国・奥州行きの旅にかんしては、上越市浄興寺にある八月一日づけの蓮如書状が手がかりとなる。同書状には、北陸路を「こう」（国府＝上越市直江津内の地名）までくだってきたが、長沼（現・長野市）をへずに、おそらく上越→北関東経由で、奥州松島まで行く予定とのべられている。この道程は、『遺徳記』などの道程とほぼ一致する。このとき、奥州に住む、「ひえと申物ばかり」を食べながらも「信をえてよろこぶ」夫婦のもとを、再度訪れたという。ところでこの書状の花押は、文安・宝徳期の花押に似ず、長野市光蓮寺蔵の『念仏往生要義抄』の奥書の花押と極似している。これは、「永享拾壱」年（一四三九）の書写になるものである。すると、二度の東国下向は、通説よりも十年近く早い時期ということになる。

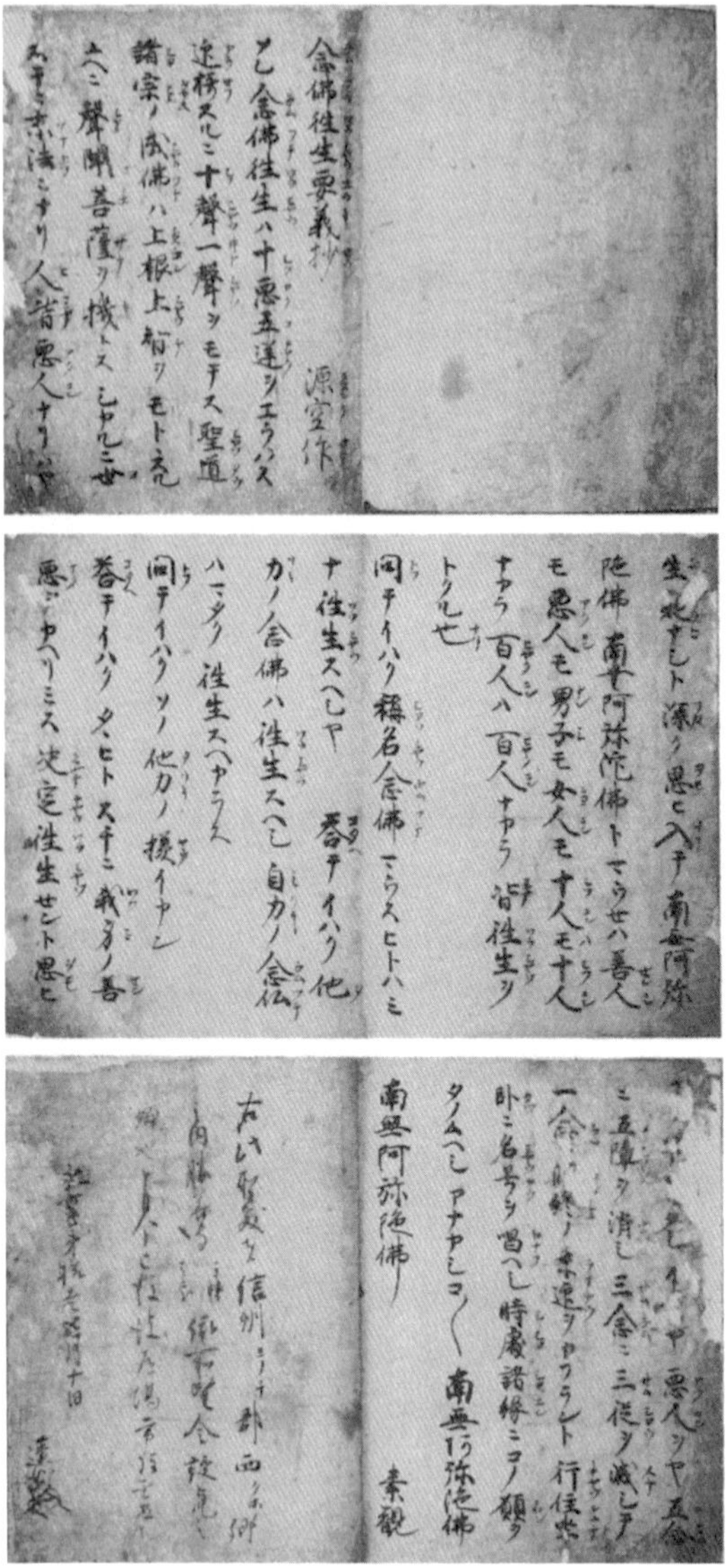

念仏往生要義抄　長野市西尾張部光蓮寺蔵

光蓮寺は、親鸞直弟の磯部門流に属する西久保勝善寺の寺跡をつぐ寺である。荒木門流の麻布善福寺の僧も、長禄四年に同じ書物を書写しており、関東系の門流が、この種の浄土系典籍に親近感を抱いていたことが伺われる。悪・逆・願・後・喜・界・称・世・陀・土・悩・本などに、独特の書き順や異体字が見うけられ、本文も蓮如筆と推測してみた。

蓮如の東国・奥州下向は、物見遊山の旅でなく、親鸞や親鸞直弟の旧跡顕彰が目的であった。それまでの本願寺の歴代住持の多くも、同じ趣旨の旅をおこなっている。したがって、この旅は、本願寺後継者としての旅といってもよいだろう。各旧跡の親鸞に、時を超えて「面受」し、親鸞から直接法義を相伝し、そして、その法義の復興を、堅く心に誓ったことだろう。東国の親鸞直弟たちの原始門流は、ほとんど壊滅状況だったからである。

原始門流の跡

関東の原始門流のなかには、その後の動静がまったくわからず、消えていったものも少なくない。かの『歎異鈔《たんにしょう》』を生んだ唯円《ゆいえん》の門流も、その思想を広めることなく、関東の地からあとかたもなく消滅した。おのおのの個人的な努力不足や力量不足あるいは政治・社会状況の激変などの理由もあろうが、より本質的な理由を考えてみよう。『新編武蔵風土記稿』『新編相模国風土記稿』をみると、伝親鸞筆の多数の法物類が、近世の浄土宗・新義真言宗寺院に、寺宝として所蔵されている。その多くは、親鸞に仮託した原始門流の各師匠の筆になるものとおもわれる。法物類の移動の理由を推測するに、阿弥陀信仰の基である浄土三部経の依用《えよう》→観無量寿経の重視→観経《かんぎょう》のなかの上品上生《じょうぼんじょうしょう》の往生を主張する新義真言宗・浄土宗への収斂《しゅうれん》、となっていったのだろう。永正年間のある記録に、関東の状況が記されている。それには、「大小草庵ニ至ルマテ、当今住持ノ寺、合三十六宇、田畑耕作、或ハ真宗ニテ無之」とある。

また信濃の親鸞門弟の旧蹟が、やがて禅宗寺院へとなったとの指摘もなされている。常陸河和田の報仏寺の「伝」によると、織田信長は後北条氏へ領内の一向宗禁制を求め、その結果「寺々……其節禅宗となりし」という事態に陥ったといわれる。でも、改宗先がなぜ禅宗だったのだろうか。阿弥陀信仰→弥陀三尊信仰→観音信仰へとじょじょにスライドし、観音信仰を重視する禅宗内へと取り込まれていった、ということなのだろう。このような信仰の流動状況の根本原因は、各門流の善知識によって独善的な教説の構築がゆるされている、という点に求められよう。

一向宗の誕生

宗主と宗派の誕生

継　職

康正《こうしょう》三年（一四五七）、父の存如が六二歳で没した。時に蓮如は四三歳、人生五〇年があたりまえの当時にあっては、晩年であった。もっとも彼は八五年の人生を過ごしたので、ふりかえるとちょうど折り返し点だったのだが。蓮如の継職は、聖教類の書写・東国への巡拝・「譲状《ゆずりじょう》」の存在（非現存）などから、確実なはずであった。ところが、存如室の如円尼《にょえんに》は、当時青蓮院にいた二五歳の実子応玄《おうげん》への継職をはかり、葬儀のさいに応玄は、本願寺の「住持分」、大谷家の「家督分」としてふるまったといわれる。

この後継者争いから、当時の継職原理が浮かび上がってくる。第一は、譲状を重視する

「相続の論理」である。第二は、「一家衆・坊主衆・御内衆《みうちしゅう》」による「合議の論理」である。本願寺は、第一の論理を重視しているが、第二の論理もまた、「器用《きよう》の仁」を選んで「家職」を継がせ、一味連署してそれを承認する、公家・武家・寺家に共通してみられる、有力な論理であった。如円尼の応玄継職案の提起は、第二の論理に拠っている。この案は、叔父の如乗《にょじょう》の反対で、最終的にくつがえったといわれるが、如乗の主張する第一の説に他の人々が同意しえたのも、じつは第二の論理の場が設定されていたからであった。

継職をめぐる争いは、長いあいだ、継母と子の軋轢《あつれき》という、非歴史的な側面から語られてきた。このようなレベルでとらえると、如乗の強硬発言は、すでに蓮如の子女を養子としていたからにちがいないとか、かりに、応玄の継職と決定すると、伊勢氏側が嫁家の争いに介入し、結果的に海老名氏側はひとたまりもなくなるだろうとか、種々の想像をはたらかせることもできよう。しかし、継職の争いは、なによりも当該期の複数論理の相剋《そうこく》として理解されるべきである。

事実、蓮如と応玄の対立は、あくまで継職論理上の対立であった。本願寺と親類筋にあたる奈良大乗院経覚《きょうかく》の寛正《かんしょう》元年二月の日記に、「兼寿僧都兄弟ならびに子息・若党等十人計《ばか》り」が奈良を訪れ、同五年八月には、経覚を大谷本願寺で「兼寿僧都・舎弟ならびに子息右衛門督（順如）」が迎えている。舎弟とは応玄以外に存在しない。伝承と史実との間にはこのような間隙が少なくない。応玄は文明五年に最終的に青蓮院を辞し、蓮如に帰依《きえ》、その後は、妹の粟津尼公ら本蓮寺一族の助力を得て、加賀大杉谷で後半生をすごした。その間、蓮如の典籍も『御文』も筆写し、今に残している。如円尼は出奔ののち、後悔・懺悔し、ついに信心歓喜《かんぎ》して、寛正元年（一四六〇）往生の素懐を遂げたと伝えられている。葬儀は蓮如が喪主となり、十三回忌法要も吉崎で執行された。

もっとも、この第一・第二の論理は、宗教界にかぎった論理ではない。如円尼側も如乗側も、当時の宗教界で主流をしめていた第三の論理、すなわち「法脈相伝の論理」をもとにした自己主張は、まったくおこなっていない。門流の場合、法脈相伝を証明するものとして、相伝の聖教（横巻物）と真影（縦巻物）の拝受が最重要視されていた。相伝の論理の絶対性は、善知識の絶対性と表裏をなすものであった。

譲状の論理

本願寺の歴史をふりかえると、当初は親鸞廟《びょうどう》堂から出発し、覚如以降は寺院としての形態をもあわせもつようになる。したがって、親鸞廟堂の「留守職《るすしき》」と、寺院としての「寺務職（別当職）」の両職が重視される。本願寺代々の譲状群は、この種の「家職」を継承する公家的なものであり、その正当性は、公験《くげん》すなわち綸旨《りんじ》・御教書《みぎょうしょ》・本所《ほんじょ》（青蓮院の妙香院）代々の令旨《りょうじ》などの、諸権力の公文書によって保証されている。これを原理的にとらえると、人にたいする家、法脈相承にたいする血縁相承、口伝の世界にたいする証状文字の世界とみなすことができよう。本願寺は相伝の論理をもちいず、門流的な成長をはかろうとせず、そして、善知識の絶対性をも主張しなかった。蓮如はとくに、「大谷一流」という言葉を好んで使っているが、親鸞およびそれ以降の「大谷一流」の人々による認可こそ、相伝の世界での認可よりも重視されるべきものと認識していたのだろう。がんらい、家職の論理と法脈相伝の論理は、あくまで別次元のものなのだが、「聖人一流の御勧化」というごとく、開祖から血縁ばかりか法脈もまた直接伝えられていると主張する場合、「次第相承《そうじょう》の善知識」や当該期の師匠の存在価値は、根底から問いなおされる事態となってくる。

次代の後継者のために、譲状を作成する習慣は、蓮如以前も以後も、伝統的につづけられている。譲状の字句の変化を追ってみると、じょじょに権力側の保証文言も表記されなくなり、職《しき》の表記も、寺務・別当職から住持職へと変化する。住持という呼称は、存如の下付した画像類の裏書に数例見受けられ、顕密仏教的な呼称からの新たなる脱却の意図が垣間《かいま》みられる。しかし、譲状の両職は、厳密な意味では、あくまで家と寺院にかんする職権であり、宗派・教団にかんする職権は、譲状のなかに含まれていない。そのため、戦国期の大谷家の歴代当主は、譲状によってではなく、親鸞以来の血脈相承という自己主張に立脚した親鸞画像下付権・悔い返し権によって、新興教団の構築とその組織化をはかっていくこととなる。「職」にかわる、新たな「役」の時代がはじまろうとしていた（後述）。

何代目か

蓮如は八代目、というのが現代の常識的見解である。この八代目とは、「法然→親鸞→如信」の三代にわたる法脈相伝の論理をもとに、しかし、起点を法然からではなく、一代下げた親鸞からたどった相伝の数値である。蓮如自身は、ほとんど自分が何代目か、その種の発言をしていない。しかし皆無というわけでなく、自ら七世・七代と記した法物の裏書が三幅現存している。綽如《しゃくにょ》も、譲状中で四代目と自称しているので、覚如から出発し、継職しなかった従覚（覚如の子）を含む寺家＝大谷家の父子の代数が、七代目である。住持職《じゅうじしき》としては覚如から六代目、留守職としては覚信尼から八代目という、譲状の「職」にもとづく発言はない。血縁上、親鸞から一〇代目との発言もない。

でもなぜ、何代目という発言が、ほとんどなかったのか。法脈は、二→三→四代と、各上人を順次へるのでなく、如信から蓮如にいたる各上人が、ともに時を超えて、等しく一列に座し、親鸞から直接「法義」を相承すべきもの、という認識が確固としてあったからにちがいない。蓮如は、伝統的な両職を継いだ自分への結集ではなく、阿弥陀如来と宗祖親鸞のもとへの結集をよびかけはじめていく。そして、あたかも法脈相伝を否定するかのように、多くの人々へ法物類を開放しだす。蓮如の視線は、廟堂・寺院の再興にではなく、譲状に明記された家職の遵守でもなく、まったく異質な宗派化・教団化という、壮大な試みにむけられていったのである。

本尊の制定

蓮如の継職は、「さてこれから何をどうしようか」といったものでなく、明確な目標・目的をもったものであった。蓮如はまず最初に本尊を新規制定する。継職直後の長禄二年のことである。蓮如以前は、本尊類のみならず、先徳たちの人物画像をも「本尊」と称していたが、如来と善知識の分離によって、本尊の新規制定は緊急を要する必須の案件となった。中世の常識では、聖教・法物類は、弟子を対象にして限定的に下付されていた。しかし、この下付対象枠が無効と化し、本尊を求める途が、多くの人の前に開かれることとなったのである。

蓮如は、善知識にではなく、本尊に人々が結集することを願った。法物類の裏書には、「常住物《もつ》也」という定型文言が記されている。本尊の常住する場が寺院・道場である。本尊を語らずして、もっぱら寺院・道場への参集を求めたのではないが、ともあれ、寺院・道場の集合体としての教団、同一の本尊のもとに結集する宗教集団、という現代に直接つらなる基本スタイルが、このときからできだしたのである。恣意的な「師恩」の強調から普遍的な「仏恩」の強調への変化も、このときからはじまった。

蓮如は、制定にさいして十字名号本尊《みょうごうほんぞん》を選択した。この十字名号は无碍光《むげこう》本尊とよばれ、上下に経文を記した讃を添え、絹布の中に、蓮台つきの籠文字（ウツボ字）を描き、そのなかを截金《きりがね》あるいは金泥《きんでい》で潰したものである。籠文字と四方に放たれた四十八本の光明のまばゆさは、世間の人々の視覚に強烈な印象を与えた。上人のもとに集う人々は、いつしか「无碍光衆」とさえ、よばれるようになった。この本尊は現在、三〇幅ほどしられている。親鸞は六字・八字・九字・十字の各名号を、とくにどれか一種類に絞り込んではいない。蓮如の十字名号の重視は、覚如以来の本願寺固有の伝統を受けついだものである。もっとも、籠文字の字体そのものは、蓮如の直筆ではない。直筆ならば、裏書《うらがき》は貼られないからである。それにしてもこの字体は、光明本尊の字体にきわめて似ている。

本尊の新規制定とともに、従来のさまざまな本尊類が処分された。『実悟旧記』には、「あまた御流にそむき候本尊以下、御風呂のたびごとにやかせられ候」とある。人物画像をして本尊と称するようなものが対象となったのだろう。関東の親鸞直弟の遺跡と称する二十四輩系の寺院には、高僧先徳の画像類をはじめ、さまざまな法物類が散見される。関東は、本願寺との恒常的接触をこうむらないまま、近世をむかえた地域である。逆に、畿内近国の著名な寺院で、雑多な法物類の残存を告げるところは、あまりみうけられない。

无碍光本尊が、本尊の主流的な地位をしめた時期は、長禄期からおよそ一〇年ほどの短期間であった。蓮如は、「木像よりは絵像、絵像よりは名号」と語ったが、このころの理念を象徴する一言である。やがて阿弥陀如来絵像が、そして寛正の法難以後は自筆の六字名号が、本尊のなかにくわわりだし、主流的地位をしめていく。本尊制定の試行錯誤の跡を告げるものといえよう。

宗祖の画像

蓮如は、本尊に引きつづいて、親鸞の御影《ごえい》を制定する。その御影は、聖人親鸞と上人蓮如とがともに描かれる連座像様式のものであった。現在のところ、二〇幅ほどしられているが、最初の一幅は、寛正二年（一四六一）堅田《かたた》の法住へ下されている。おそらく聖人二百回忌を期した、意識的な「宗祖像」の策定だったのだろう。いったい、この特異な連座像は、なにを語ろうとしているのだろうか。

原始門流の伝統を受けつぐさまざまな門流は、種々の先徳連座像をかかげ、自らの法脈の正当性をうたっていたが、蓮如の制定した連座像は、それら先徳たちのなかから親鸞だけを残し、他のすべての先徳を削除し、そして蓮如ただ一人を描き加えたかたちをとっている。法脈上のさまざまな先徳たちと長らく「同居」しつづけていた聖人親鸞は、表舞台にただ一人登場し、その聖人に、上人蓮如のみが時を超えて拝謁しているのである。礼盤上で威儀を正した「宗祖」と、一人よりそう「宗主《しゅうしゅ》」の誕生であった。この親鸞の姿は、本願寺に古来から伝わっている、熊皮に座し、鏡に写したような歴史上の「人間親鸞」の実像ではなく、おそらく一度も登ったことのない礼盤《らいばん》上の虚像（ハレの姿）である。おそらく、親鸞をたんなる過去の人としてではなく、現に生きつづけている人そのもの（真影）とみなし、口伝・相伝の論理を超えて、教義が蓮如へ直接伝えられている、という主張の投映にちがいない。本尊では担い切れないこの種の機能を担わんがために、あえて連座像が必要だったのである。

御影のなかで、上人は左下に座し、聖人は右上に座している。でもなぜ右上なのだろうか。聖人の仰ぎみる視線の先を追うと、画面をはみ出したさらに左上に、首を斜めに傾けながら、聖人に微笑みを送りつづける師の「法然上人」の姿を想定することができよう。仰ぎみる親鸞とみおろす法然、法脈伝持の系譜は、真向きの構図・向かいあう構図でもって完結する、ということなのだろう。阿弥陀如来絵像は真向きである。けだし本尊だからである。人々は、歴代宗主の画像を上目づかいに仰ぎながら、親鸞にたどりつき、さらには、法然を祖とする日本浄土教の歴史と対面している。これが、画像の向きが告げるメッセージであった。宗祖としての存在の正当性は、国家（勅許）によって公的に認定されたものではない。法然によって、さらには法然にいたる浄土教の六高僧によって保証されるべきもの、だから、右上でなければならなかったのだろう。現在の寺院の内陣や門徒の人々の仏壇は、三尊形式となっている。むかって右側の親鸞画像と左の蓮如画像が、中央の本尊をともに仰いでいるかのような感じをいだかせる。しかし、連座像が両画像の起源であるとすると、この理解は錯覚ということになる。

現代の私たちは、宗祖に聖人号を冠する。でもはじめから聖人号で統一されていたわけではない。戦国期の高田派の史料には、親鸞上人と記されているものもあり、綽如・巧如・存如期の本願寺側の史料にも、七点と少例ではあるが、上人と記されている。上人号は、法橋《ほっきょう》上人位の略語といわれており、厳密な意味では、国家から与えられる宗教位階上の一身分呼称である。かりに私称ではあっても、この種の位階を超えた存在として、宗祖を聖人と尊称すべきといった「思い」が、蓮如の脳裏にあったのだろう。覚如の『改邪鈔』一三条では、祖師聖人と記している。また高僧先徳連座像に記される讃・銘の多くは、源空聖人・親鸞聖人となっている。おそらくこれらの先行物から援用したのだろう。

宗派と宗派名

いったい、宗派の宗派たる基本的条件は何なのだろうか。一説では、特定の高僧の内面における回心、教えの構築、それに信順する人々（衆）の形成という三条件が指摘されている。しかし、回心にかんしては、門流段階では、むしろ法脈伝持のときこそ重要であり、宗派段階では、その種の私的な個人的事象は、基本的条件とならない。宗派化のためには、唯一の開山＝宗祖の設定、唯一の本尊の確定、そして古代以来の伝統的な公的認可、この三条件が必須と考えられる。現代において、宗祖がはじめからいて、本山が同時に建立され、そして歴代宗主が連綿と存在してきたとの「常識・通説」を疑う人は少ない。しかしそれはあくまで蓮如以降の本願寺の歴史からみた、歴史上の「通説」にすぎないのである。

戦国期に誕生したこの宗派は一向宗と称された。この宗名は、明治五年（一八七二）に浄土真宗と改められるまで使われつづけるが、一向宗という呼称は、もとからの蓮如教団の専有名称ではなかった。永和四年（一三七八）成立の『法脈分流記』に「大谷門徒、号一向宗」と記されているが、それ以外にも仏光寺・専修寺・錦織寺《きんしょくじ》・毫摂寺《ごうしょうじ》などや、さらには浄土宗浄華院流・一遍系の時宗・一向俊聖派などの諸門流・諸派が自称・他称する包括呼称でもあった。本願寺および蓮如教団は一向宗であるが、一向宗は本願寺および蓮如教団だけにかぎらない、といいかえてもよい。

ところが、この一向宗以上に大きな包括呼称に、「浄土宗」という呼称がある。中世における狭義の浄土宗は、西山《せいざん》・鎮西・九品《くほん》・長楽寺系の主要四流でかたちづくられ、やがて鎮西派が主導権を掌握し、知恩院を一宗の本山とするにいたるが、その種の特定の宗派名でない、広義の浄土宗の呼称が存在していた。南北朝期の存覚の筆になる『六要鈔（教巻）』では、「言真宗者、即浄土宗也」と記されおり、浄土宗の聖教たる『竹林鈔』には、逆に「浄土真宗の正義」と記す一文もある。この場合の浄土宗・浄土真宗とは、阿弥陀信仰・念仏信仰を中心とする浄土系諸門流の総称（浄土一家）という意味で、とくにどこが本山で誰が開祖でという、宗派条件を具備した「宗」概念ではない。中世の一向宗は、すべて広義の浄土宗を構成する一員であるが、この浄土宗グループのなかで、とくに「一向」的な傾向の人々が、一向宗・衆とよばれていたのである。

蓮如は、宗派の呼称を命名するにさいして、浄土真宗という名を採用した。『御文』「宗名の章」のなかで、宗祖親鸞も使用していた文言であり、浄土宗の四流より「真」実の道理があり、時宗と混同されるのを避けるためと、宗名採用の理由がのべられている。ところが、時衆の勢力は戦国初期にはかなりおとろえており、混同される心配はほとんどなくなっている。親鸞が宗派名を命名した事実もない。蓮如のかかげる理由は説得力に欠けているのである。実際蓮如自身がそういったのだから、そうにちがいない、という「言辞」への絶対視をいったん保留してみると、蓮如の真意は、一向という言葉に本来的に内在する、ある種のマイナーなイメージを払拭しなければならないという点にあったのだろう。

戦国時代の古日記類に頻出している「一向」という言葉は、まったくといってよいほど駄目なという、一種の否定的な「枕詞」として使われている。「一向」という語感は、本質的にマイナスイメージを内包している言語だったのである。もっとも蓮如の意図に反して、宗内の人々までも一向宗といいつづけた。マイナーながらも、旧時代の秩序や価値観を引き裂いていこうとする力強さとかひたむきな姿。一向一揆や寺内町《じないちょう》建設に代表される、戦国期の新たな地平を切り開いていこうとするひたむきな行動。それらが人々に与える、おそれや畏敬が入りまじった複合的な心象、それをあらわすには、「一向」という言葉は最適であり、「戦国」の時代相を示すにふさわしい名称ですらあった。その結果、教団の内と外を問わず、人々はしだいに他門流・他宗派を称して一向宗とはよばなくなり、一向宗という名は、もっぱら蓮如教団の独占的な宗名となっていく。

ただ、この新興教団は、世間の人々から、さまざまな当て字でよばれてもいる。吉田神道の中心人物は「浄土信衆」（『兼右卿記』天文二年六月二十一日条）と記し、ほかにも、門徒宗（三河「西蓮寺文書」）・御門頭衆（近江「海津願慶寺文書」）・一仰宗（『東寺過去帳』）・新宗門徒（大和「西大寺文書」）・他力衆（『羽賀寺年中行事』）・ムゲカラ宗（『快元僧都記』）・一講衆（『大覚寺文書』・『鹿苑日録』）・一向集（宮崎県「大光寺文書」）とも記している。浄土真宗という宗名がなかなか定着せず、強い印象を与える漢字＝信・門徒・頭・仰・新・他力・无碍光・講・集でもって、この新しい宗派が特徴づけられていたことがわかろう。なお、この「一向」の語が歩んできた歴史的意義を忘却し去った十八世紀後半、一向宗の名を捨てて浄土真宗の名を求める、いわゆる「宗名論争」が惹起されることとなる。

門徒団の誕生

堅田の法住

本願寺は、門流としての歴史をもたないため、古くからの末寺や門弟をほとんどもっていない。湖西の堅田《かたた》（滋賀県大津市）に住む法住は、蓮如教団に参画した最初の一人であった。法住の馬場道場は、やがて本福寺《ほんぷくじ》と称されるが、同寺には、天文《てんぶん》年間（一五三二〜五五）にあいついで書かれた「寺記・家記」というべき『本福寺跡書《あとがき》』などの四冊の書物が、今に伝わっている。それには、十五世紀初頭以来の本福寺とその門徒団の形成過程、教団形成への貢献、一向一揆での活躍、一門衆の圧迫による本福寺の没落という歴史が、歓喜・苦悩・自戒の「生の言葉」でもって、率直に書き綴られている。一九四八年、服部之総の『蓮如』により『跡書』の存在が一般に知られだし、以来学界の強い注目を集めてきた。この寺記によって、堅田の歴史の一部をみてみよう。祖父の善道は、対岸にある野洲《やす》郡三上社の神主だった。故あって流浪の身となり、堅田にたどり着き、藍染《あいぞめ》をなりわいとする紺屋《こんや》業を営みはじめる。善道は、覚如のある門弟から教化を受けたらしい。しかし子の覚念は、おそらくは仏光寺に帰依《きえ》したものと推測され、晩年には臨済禅を信奉するにいたる。なお、堅田の臨済禅は京都大徳寺の系統で、蓮如と同じ時代に、有名な一休和尚が登場する。大徳寺からは、やがて妙心寺派が分立。同派は、戦国期の本願寺教団とあい競うかのように、東国一帯に拡がっていく。覚念の子が法住である。法住は、母の妙専の勧めで、研屋《とぎや》の道円と麴屋《こうじや》の太郎衛門とともに本願寺に詣で、巧如（蓮如の祖父）・存如に帰依したと伝えられる。本願寺にとって、はじめての地域的な門徒団の誕生である。時に法住は二〇歳、蓮如は二歳であった。

堅田の支配者層である地侍《ぢざむらい》衆《しゅう》は、琵琶湖の漁業権や、航行する舟の警護権・通行税の徴集権をにぎっていた。彼らは、京都下鴨社の一神職身分を得て、臨済禅を信奉し、堅田大宮の祭祀権を独占していた。これにたいして、紺屋の法住を中心とする門徒団は、鍛冶屋・油屋・桶屋・麴屋・研屋・舟大工などの職人たちで、たがいに姻戚関係で結ばれる同族団でもあった。彼ら新興手工業者たちは、地侍衆の支配に対抗し、自らの存在を支える精神的紐帯《ちゅうたい》を必死に求めていたのである。本福寺には、極端に幅の広い无碍光《むげこう》本尊と、最初の連座像が現存している。蓮如の期待の大きさ、本福寺の帰依《きえ》の深さを、ともに象徴するものである。

金森の道西

湖西の堅田衆と相ならぶ存在として、湖南の金森衆《かねがもり》がいる。金森一帯の人々は、すでに存如のころから本願寺へ参じており、手原（栗東町）の信覚（真覚）は、享徳二年（一四五三）に『三帖和讃』を、安養寺村（同町）の浄性も、翌年『往生要集延書《のべがき》』を下付されている。他の金森衆も、長禄・寛正《かんしょう》期に无碍光本尊や連座像をつぎつぎともらい受けている。この金森衆の中心人物が道西《どうさい》である。蓮如は、長禄四年（寛正元、一四六〇）、道西のために『正信偈大意《しょうしんげたいい》』を著わし、ついで翌年、最初の『御文』を下している。あるとき、道西の願いによって金森に下向した蓮如は、道西の甥にあたる子供をみそめて、もらい受けた。後に側近となる御堂衆《みどうしゅう》の慶聞坊龍玄《きょうもんぼうりゅうげん》である。龍玄は、蓮如死去時の導師を勤めている。このような道西ではあるが、地域教団内の地位は、さほど高くはない。元禄十三年（一七〇〇）成立の『善龍寺物語』によると、「西善（金森因宗寺の祖）ハ道場ヲモチ、道西等ハ其ノ門徒」とあり、枚方市出口光善寺蔵の寛正四年十一月の親鸞絵伝裏書にも、「金森西善門徒　願主釈道西」と記されているらしい。長禄四年金森惣道場あてに下された无碍光本尊の願主は、道西でなく、妙道という人物である。道西は、現地の宗教組織内では、あくまで陪臣身分なのである。さきの信覚も、裏書には京の正親町《おおぎまち》行忍の門徒と記されている。陪臣の門徒身分のものが、なぜ道場主とか師匠に優先して、蓮如と密接な関係を形成することが可能だったのだろうか。蓮如の本尊観・宗派観が、このような具体例のなかで如実に示されているのである。蓮如の基本方針は、たとえ陪臣であっても、多くの人々がただちに阿弥陀如来・親鸞祖像・歴代宗主にじかに参じることが可能な途の実現（直参制）にあった。この直参制は、旧来の師弟制・新たな本末制と齟齬《そご》をきたすことなく、しかも、坊主と門徒という社会的な身分の差を前提としたものでもない。師弟制・本末制はそれとして追認し、しかし、それとは別な次元の関係として設定されていることがしられよう。

道西は、道場主でなく、西善道場の「本願」＝代表護持者という俗人的な立場の人物であった。現在の善立寺近くの大御堂字堂ヶ橋付近に、住んでいたと伝えられている。子供はいなかったらしい。この道西と、さきにみた西善・妙道・手原の道善（信覚の子）は、ともに川那辺氏として、同族・一族を構成している。中村（守山市）の妙実の夫も、道西の同族といわれる。おそらく道西は、これら一族をたばねる「長」のごとき存在だったのだろう。金森は、境川流域の湧水の親郷であり、その配水分配権を梃子に下流の村々への支配権を有していた、との説が紹介されている。すると、川那辺一族は、当地の「水の領主」だったことになる。この一族ネットワークは、地域内で完結することなく、対岸の堅田衆にまで拡がりをみせる。法住の妹である新在家《しんざいけ》の妙円の夫は、矢島（守山市）の法善（赤野井慶実の叔父）であった。

さて、道西にあてられた『正信偈大意』の意義をみてみよう。それが著わされる前史として、蓮如は、存覚作の『六要鈔』から正信偈の釈を抄出し関連の和讃を注記した『正信偈註釈』を作成、ついで『正信偈註』を、そして草稿本の『大意』を、最後に流布本にあたる道西あての『大意』を著わしたといわれている。連座像に八行にわたって記される上讃も、『正信偈』からの引用である。存覚著作物が出発点だったことは、覚如・存覚経由の親鸞理解という大筋と合致するが、それはともかく、『正信偈』にたいしてきわめて強い関心を示し、連続的に研鑽しつづけていることが、明確にうかがわれよう。これは、偶然の結果というよりも、宗祖の措定からただちに派生・連動する宗祖著作物への注目、といった自然の流れと理解できる。もっとも当時は、宗祖著作物を中心にした教典の選別化とか、『正信偈』を日々の「読誦《どくじゅ》」に用いようとする決意までには、達していなかった。

読誦は、教学上からみると「助業《じょごう》」に該当し、他の観察《かんざつ》・礼拝《らいはい》・供養・讃嘆《さんだん》の四助業ともども、どのように位置づけなおし、内容を具現化していくべきなのか、その全体的な見通しが、いまだ明確になっていなかったから、と推測してみたい。

門弟の群像

蓮如のもとには、法住・道西以外にも、つぎつぎと強い個性をもった数々の門弟が集ってきた。それらの人物像を概観してみよう。慶聞坊とならぶ側近の法敬坊《ほっきょう》は、御輿を担いだ「下部《しもべ》」だったといわれ、堅田衆・金森衆と同じ直参「河野衆」を、蓮如のもとへ帰依させた尾張の行念《ぎょうねん》（巧念）は、「するゝゝのもの」といわれている。所持の教典に『諸神本懐集』『持名鈔《じみょう》』のあることから、行念は存覚系の法脈を受け継いだ人物だった可能性もある。河野衆の所在地は、古木曾川（境川）・黒田川（現・野府川）・長良川水系の扇状地・自然堤防上に点在しており、河野衆を構成する一八門徒団は、すでに天文期に三ヵ所の坊主分が退転して行方不明となっている。篤信者の代表と称される越中赤尾の道宗や、山科の荘園諸職を押領して幕府に訴えられている勧修寺村の道徳は、前後の系譜が明確でない。行実類に名前の登場する「大和了妙」は、「帷《かたびら》一《ひとつ》をもきかね」る女性であった。

加賀の菅生《すごう》願正（願性）は、長享一揆時の江沼郡の一揆の大将であり、同時に、北陸を代表する「正信の門徒」でもあるが、彼は、直参であると同時に、荻生《おぎう》願成寺蓮智の門徒でもあった。『加越能寺社由来』によると、願正《がんしょう》を祖とする地元の寺院二ヵ寺のうち、一ヵ寺は廃寺となっている。『御文』に実名が登場する加賀福田の乗念の開基の寺も、廃寺となっている。願正・乗念などは、古くから寺基を構えていた「大坊主分」ではなく、寺院の僧侶＝専門的宗教者とは肌合を異にした者たちであった。おそらく彼らの熱い思いが、諸門流に属する地方本寺やなかば独立的な地方本寺を、下から揺り動かし、蓮如教団への参入へとむかわせたにちがいない。

三河で蓮如旧跡地と称されるのは、土呂《とろ》・佐々木・大浜・鷲塚であるが、『信長公記《しんちょうこうき》』には、「海手へ付けて然るべき要害、富貴にして人多き湊《みなと》」と記されている。摂津で蓮如に帰依した有力者に三番《さんば》の浄顕がいる。三番とは、大阪湾岸沿いの神崎川と中津川の三角洲の地名である。交易都市の堺で蓮如にまっさきに帰依したものは、樫木屋《かたぎや》・紺屋《こんや》を営む商人であった。播磨における蓮如期からの拠点は、英賀《あが》・飾磨《しかま》・坂越《さごし》で、ともに港町である。姫路市英賀は、夢前川の河口に位置し、古来からの飾磨津に対抗するように、中世後期に台頭してきた港町といわれ、坂越の地は、従来からの集落たる赤穂とは離れた、新興瀬戸内海運基地でもあった。

蓮如の教説は、個々人の救いを求めるものであり、地域社会の豊穣にかかわる宗教的勧農機能への言及はいっさいみられない。その意味では、旧来から土着の地主神と無縁な非農業民などの新興勢力のほうが、蓮如の教説を比較的受容しやすいだろう。中世は、「宗教」と「身分」が密接に結びついており、さまざまな宗教によって、人々の権利・権限が裏打ちされていた時代である。各地域社会内の鎮守・堂社は、すでに在地諸勢力の結集の核として君臨していた。この新たな「仏」は、地域社会の既存の仏神にかわる機能はもたないが、地域社会に拘束されず、広く横の人的つながりを提供し、その人的結集体にさらに組織性・集権性を付与していくこととなる。播磨での教線は、やがて港町から内陸農村部へと浸透するといわれるが、加賀のように農村部へまで一挙に教線の浸透した諸国では、それぞれ個別的に地域内の諸堂社のもとに結集していた百姓や地侍の勢力と、仏神の庇護から無縁であった手工業者や商人勢力とが、ともに一つの「仏」の下での同信にもとづく連帯感をえて、きわめて強力な教団組織を形成させていくこととなる。

寛正の法難

長禄の検断

長禄《ちょうろく》二年（一四五八）七月、興福寺に属する地侍らは、現在の奈良市内域の「一向念仏衆」を検断《けんだん》した。検断とは、犯罪人を追放し、住宅を破却、財産を没収する処罰である。旧仏教側は、鎮護国家・五穀豊穣などの国家祭祀・共同体祭祀に関与しない宗教集団を、国家や諸権力に害をなすものとみなし、南北朝のころから、断続的に弾圧を加えていた。従来は、もっぱら仏光寺系の一向衆が被害者だったが、長禄の検断では、「非法の私宗を建立」と、理由が明記されており、はじめて本願寺系の一向衆が被害にあったのである。添上郡東市には、蓮如の叔父の常楽台空覚の子女が道場を営んでおり、この系統に属する人々が被害にあったのだろう。長禄二年は、継職のわずか一年後で、蓮如の「一宗建立」の意向が、たちまち各地へ伝わっていったことがうかがわれる。なお、本願寺系の一向衆は、じょじょに力量をまし、この種の弾圧にたいして防戦し（寛正の法難）、やがては、攻戦も可能な段階（文明の加賀一向一揆）へとすすんでいく。

寛正の法難

寛正《かんしょう》六年（一四六五）、比叡山（山門）は、膝下での无碍光衆《むげこうしゅう》の隆盛を危ぶみだし、仏像・経巻の焼却・破棄行為の非難、仏敵・神敵の征伐、正法《しょうぼう》と国土の護持などの名目を列記して、京都の大谷本願寺を打ちこわす事件がおこった。同年正月と三月の二度にわたる、いわゆる寛正の法難である。当時の社会では、本願寺も仏光寺もともに天台浄土系の子院と認識されており、子院による「邪法興行」を打破する責務は、なによりもってまずは山門側にある、と思われていたのだろう。仏敵・神敵などという名目は、鎌倉初期の「興福寺奏状《そうじょう》」や永禄末期の戦国大名島津氏の主張とほぼ同一で、仏法王法両輪説に立脚した、オーソドックスな主張である。仏光寺も同様な名目で叩かれつづけてきた。このときはじめて登場した名目は、仏像・経巻の破棄・焼却行為の指弾である。これは、蓮如による本尊の制定・宗祖の設定・宗祖著作物の重視といった一連の施策の結果、実行されていた行為であった。

寛正の法難の過程をみると、まず山門側は、「閉籠《へいろう》」という自己完結的空間をきずき、彼らの「神・仏」の前で「集会《しゆうえ》」を開催、討伐の正当性を申告し、早鐘を打ちならして「出向」、本願寺に詰めていた堅田衆らは、このときはじめて防戦行動にでた。もっとも防戦は長くつづかず、かなわず「逃散《ちようさん》」、「破却《はきやく》・撤却《てつきやく》」された本願寺の坊舎は「犬神人《いぬじにん》紛骨分《こつぷん》」として充行《あてが》われ、蓮如は「堅《かた》く罪科ニ処」せられることとなった。数年ののち、蓮如側では仲人（青蓮院）をたて詫びごとをし、「一献《いつこん》」を献上、山門側は衆議・連判してそれを受諾、蓮如側は「起請文《きしようもん》」（詫び状）を提出し、礼銭《れいせん》（賠償金）を払って、住持職を子供へ譲る「隠形《いんぎよう》」のかたちを踏んで、応仁元年（一四六七）から二年にかけて、一件は落着を迎えた。

この一連の「戦い・わびごとの作法」は、土一揆の伝統を受け継ぎ、その後の一向一揆の中でも、部分的にはたびたび見受けられるものである。山門側は、一向衆を「俗」としてあつかい、一揆を「土一揆《つちいつき》」とみなしている。本願寺側にも、顕密諸寺社のような宗教的聖域をまもるという意識はなかった。戦いは、屋敷などの家不入権の侵害に対処した「自力防衛・自力救済」の「私戦」であり、幕府法などの公法の介入を許さない、本源的な権利であった。

一向一揆は、近畿・東海・北陸各地で、おもに本願寺系の僧俗諸勢力によっておこされた政治運動の総称である。おこった広範な地域、一世紀におよぶ長さ、戦国期の政治・社会におよぼした影響度などの点で、多くの歴史研究者が、一向一揆に多大の関心をよせつづけてきた。中学校の社会科（歴史）教科書には、親鸞・蓮如の名はみられないが、一向一揆は記されている。もっとも一向一揆だけが、あるとき突然、なんら前史のないところから一挙に歴史上に登場する、などということはありえない。この常識に立ってあらためて考えてみると、長い間の一方的な弾圧、その甘受から防戦への転換こそが、一向一揆の出発点であった。その意味から、寛正の法難を史上初の一向一揆とみなすことができるだろう。

近江・三河の門徒団

寛正六年三月、三百余人の山門勢は、大谷討伐に引きつづき、道西ら金森衆と赤野井衆を攻めた。彼らは、この地では激しく防戦し、赤野井慶乗らは、寄せ手の大将の「森山日浄坊」を討ち取った。もっとも最終的には展望が開けず、金森を自焼させ、在々所々へ散るところとなる。金森の地は、臨済宗建仁寺領の荘園であったが、建仁寺側はなんらこの戦いに関与することもなく、ただ山門側が犯化人跡として欠所地《けっしょち》としないよう、もっぱら願うのみであった。

山門勢は、応仁二年（一四六八）堅田惣庄《そうしょう》を攻めた。発端は惣庄勢による「狼藉《ろうぜき》」が原因で、一向宗の是非をめぐる戦いではなかったが、法住らの門徒団も、惣庄の地侍らとともに、沖の島へ脱出、文明二年（一四七〇）の還住にさいしては、三八〇貫文の礼銭を必要とした。なお、寛正の法難の終息にさいして、三〇〇〇貫文と伝えられる賠償金＝礼銭は、佐々木上宮寺の如光らの三河門徒団が提供した。賠償支払いの有無は、和睦《わぼく》か敗北かで決定的にちがってくる。戦いが「商い」の一種として成立するためには、引分けでない明白な勝敗が求められる。そのため、いきおい熾烈な様相を帯びるのだろう。

上宮寺（岡崎市）は、近在の勝鬘《しょうまん》寺・本証寺とともに「三河三ケ寺」と称され、たんに矢作《やはぎ》川下流域の寺院群というのではなく、東海地域を代表する高田系の大坊であった。近世における三ヵ寺の末寺・道場は、数百におよび、尾張・美濃にまで点在している。如光は、西端（碧南市）で生まれ、「郷士三浦三右衛門ナル人、赤子ヲ得て養育ス。長スルニ及ヒ……上宮寺ヲ嗣《つ》」ぎ、寛正初期にはすでに蓮如のもとに帰参している。没年は応仁二年である。西端の旧跡は、代々杉浦清兵衛となのる俗人が管理し、やがて応仁寺と号するが、明治五年にいったん廃寺となったらしい。

上宮寺についで勝鬘寺が帰参し、本証寺は、住持か門徒団のほうになんらかの事情があり、若干帰参が遅れたらしい。ともあれ三ヵ寺とその門徒団の帰参によって、高田専修寺と本願寺との間には、大きな亀裂が生じた。その亀裂は、寛正の法難時に決定的となる。そのおりに専修寺側は山門へ言上《ごんじょう》状を提出したのだが、それには、高田派は法然上人の末流で邪法の愚類でないこと、邪法の退治は喜ばしいことを明記している。

流浪と隠形

寛正の法難により、蓮如は親鸞・覚如以来の故地であり、青蓮院のいわば門前町の一角を構成していた東山大谷の地をすて、湖西・湖南の各地を転々することとなった。もっとも、数年後におこる「応仁文明の乱」で、汁谷仏光寺は摂津平野へ、知恩院は近江伊香立《いかだち》へ避難しているので、どのみち退転とか焼失とかは必至であったのだが。しかし、大乱ののちも、東山大谷の故地へは二度と戻らず、以後ほぼ一世紀のあいだ、寺基を転変とさせる。

蓮如の足どりをおうと、寛正六年三月ごろは、河内あるいは摂津へ、つづいて金森衆に迎えられ、現在の守山市・栗東《りっとう》町一帯の道場を転々とする。本山報恩講《ほうおんこう》は、文正元年は当地で、翌応仁元年（一四六七）は、堅田で執行された。

蓮如は生涯に、譲状《ゆずりじょう》を三度したためた。最初の譲状は文正《ぶんしょう》元年で、前年には寛正の法難が勃発している。二度目の譲状は応仁二年で、山門勢による「堅田大責め」時の直前である。三度目の延徳元年は、守護富樫政親《とがしまさちか》を敗死させた加賀長享一揆の翌年に該当する。

これははたして偶然なのだろうか。否である。譲状作成とは、「戦いの作法・降参の作法」でいう「隠形」を意味しているからである。実際隠居したのか否かは別にして、とにかく「俄《にわか》」であっても譲状を作成し、当該地からいったんは身を引いて他所へ立ち退き（「逐《ちく》電《でん》」）、自らの非を認める、あるいは当該事件と無関係を強調する、そのような対外的に有効な形ある証《あかし》として、隠形《いんぎょう》＝譲状は不可欠だったのだろう。

文正のときは、長男の順如に申しつけたが、順如は受けなかった。応仁二年の時は、五男の実如へ譲っているが、一一歳の成人前であり、実際の社会的効力はなかったものと推測される。しかし、文正・応仁と二度にわたる隠形の意思は、たんなる対外的な名目上のものでなく、蓮如自身かなり本気だった可能性がある。事実、无碍光本尊の叙用と下付は、法難を期にやんでいる。応仁二年末の高野・吉野紀行は、青年期の東国下向とはちがって、教化の旅という様相はまったくみられない。現存する蓮如単身画像は、応仁二年のものが初見である。これは、生前の影像であることから、たしかに寿像ではあるが、むしろ、蓮如の「隠居」が素直に投影された「前住画像」の誕生として理解すべきものとおもわれる。もっともこのころ、新たに楷書による六字名号の試作品も数幅現存しており、今後何をいかにすべきか、新たなる模索にむかっていたこともうかがい知ることができる。ともあれ、文明三年に吉崎へ下るまでの間、堅田衆にまもられながら、失意と苦悩と模索の日々をすごす蓮如であった。

草書の六字名号

応仁年間の蓮如は、楷書体の六字名号を志向していたが、吉崎滞在期からは、草書体の六字名号（南無阿弥陀仏）の大量下付をはじめる。それと軌を一にして、『御文』のなかでは、「六字釈」の説明を繰り返しだす。「南无」の字を「南無」にかえ、広く一般に流布し、受容されている六字の世界への参入をはかり、その一方で、草書体というかたちで、独自性を主張せんとしたものといえよう。ともあれ、覚如いらいの「南无」の伝統を断ち切ったことは、『御文』において、覚如著作物からの引用を親鸞の勧化といいかえた意思と、まさしく同一の決意であった。

様式論からみると、草書体は略式・薄礼で、楷書体は厚礼である。「在家止住」の人々を下付対象として、短時間での大量作成・下付を前提としているから草書体の形をとり、しかし、名号だから宗主の直筆でなければならなかった、ということなのだろう。求める人々すべてに本尊を、という気概からなのか、一日に二〇〇〜三〇〇幅書きつづけたこともあったといわれる。畳やゴザの上で書いたために、その目が浮き出た「虎斑《とらふ》の名号」と称されるものも、まま現存している。コウボウ麦の根で書いた、鷹の羽根で書いたとの伝承もある。大坂御坊は、その冥加金《みょうがきん》で建立されたとも伝えられている。

大量下付の結果、人々は自分自身の本尊を所持することが、はじめて可能となった。現実の所持者を把握できないためか、あるいは宗主《しゅうしゅ》本人が如来に成り代わって「名号」の帰趨を左右すべきでないとの認識によるものか、草書六字名号が悔い返されることはなかった。なお、この草書六字名号には、蓮台がなく、厳密な意味で、本尊と称してよいのか、判断にまよう。本尊としての不完全さのため、やがて、絵像本尊・木仏本尊にその地位を譲っていくこととなる。

ところで、現存の草書体六字名号のほとんどは、蓮如筆と伝えられている。このことは、戦国期の歴代宗主が、中世の法脈相承時の書写と同様に、前宗主の字体をまねしつづけたことを意味するが、最近、青木馨氏の精力的な研究によって、ようやく蓮如・実如・証如・顕如筆の分類わけが可能となってきた。その結果、おぼろげながら浮かびあがってきたことは、蓮如筆の名号の残存数より、次代の実如筆の名号のほうが、量的に数倍も多く、証如・顕如筆のものはきわめてすくない、ということである。あるいは、蓮如期の草書六字は、いまだ「聖」的なものとして丁重に扱われず、それが貴重な聖的な法物と認識されるにいたるのは、実如の代に入ってからという類推が可能となってくる。蓮如期の名号は、在家の床の間に掲げられ、巻かれ、掲げられれを繰り返し、しかも木仏などとちがって決まった特定の一ヵ所に「常住」することなく、同信の人々の間を転々と移動して行き、ボロボロになったものから漸次消却されていったのではなかろうか。

伝蓮如筆といわれる古い六字名号のなかには、近世後期のある著名寺院の鑑定書が添えられた一群のものが見受けられる。そのほとんどは、戦国期のどの宗主の筆跡にも該当せず、明らかな偽物もすくなくない。その種の名号にかんしては、はじめから無視し、まともに取り上げないという毅然たる態度が、従来の正当な歴史学であった。しかし、その種の名号がなぜ存在したのか、いかなる機能を担ったのかにかんする、宗教社会史的な意味を探ることは、それはそれですくなからぬ意味をもっている。鑑定書つきの六字名号の存在は、単純な蓮如讃仰の反映、古物尊重の反映というケースのほかに、つぎのようなケースが想定できる。

「近世の北陸では、庄屋になる家には、蓮如さんの御六字《お》がなければならなかった」と。地域社会における、一種のステータスシンボルである。蓮如の六字名号をもっていなければ、村民からは、その家が庄屋役を担うべき家として認められないとすると、その種の名号の所持は必須となる。しかし現実には、そこかしこからつぎつぎとでてくるものではない。その場合、名号は、庄屋本人と村民がともに「伝蓮如」と認識すればよいのであって、学問的に本物か否かは二次的な問題である。京都のしかるべき「鑑定家」が「蓮如筆と認める」と書き記したものが一枚あれば、手続き上クリアーできるのである。一枚の証状とそれに必要ないくばくかの金品、そして伝蓮如の六字名号がまた一幅誕生、という段になる。ともあれ、近世におけるこの種の生きた宗教社会史的研究は、ほとんど未着手のままである。

蓮如の筆致

蓮如の草書体六字名号の筆跡上の特徴は、ためるところはしっかりとため、はしるところは一気にはしらすという、中世の青蓮院流の書道の原則にもとづいたものといわれている。いっぱいに膨らんだ「南」の右半分の大胆な空白、左下から中央上部へと一直線に突き抜ける「阿」の偏、ツクリの可は「つ」というかたちで跳ね下がっている。この字体は、書道の先生の御手本みたいな、ほれぼれとうっとりする「静的な美」の世界に属するものではない。なによりも、筆勢が萎縮せず伸びきり、見る者の心を圧倒する。おそらく吉崎の蓮如のもとに集った人々は、この枡目からはみ出した「図画」を目にして、視覚から五感へと貫く息吹・脈動・破調のエネルギーを体全体でひしと感じとったにちがいない。

蓮如筆草書六字名号　新潟県三島郡三島町西照寺蔵

紙本墨書、九二・〇×三九・〇センチ、紙の繊維から浮き出た黒点が多数あり、典型的なA型名号（青木馨氏の分類型）。寛保三年（一七四三）「略縁起」によると、磯部門流野田門徒系の同寺の祖が、吉崎でもらったと伝えている。近くでの研修会のあいまに、前波善生氏の御高配で、実見がかなった。

通例、自筆の名号には、裏書は貼られない。絵像・画像類には、必ず裏書が貼られている。この裏書や文書類には、必ずといってよいほど、欧米のサインに該当する「花押《かおう》」が記されている。蓮如は生涯で何度も花押を変えている。蓮如という人物は、安定感よりも変革をこころざし、現状に満足することなく、よりよい理想を求めて、目標に達するやもうつぎの地平を求めだす、そのような人物だったのではなかろうか。なお実如は、父と好対象で、生涯を一種類の花押で通している。一〇代証如の花押の下半分は、若年時の角ばった長方形から、楕円型→卵型→円形へとしだいに丸みを帯びていく。覇気から円熟味への心の軌跡、と想像される。

『御文』や書写本をみると、独特の当て字や異体字が用いられていることに気づく。一例をあげると、「次第」「第一」などの第の字を、「弟」と誤記する癖をもっている。第を弟の字にあてる例は、『六要鈔』などにみられる存覚の癖を受け継いだものである。読み破ったのは、親鸞著作物や『安心決定鈔』ばかりでなく、存覚著作物も同様であり、しかも筆癖を引きずるほどまで、忠実な書写をかさねつづけた、ということを告げている。その他、「称・後・縁」などの異体字使用例も指摘されているが、それが誰の著作物から引きずってきた癖なのかという点に留意すると、種々の興味深い事実が次第に明らかになることだろう。なお、それらの異体字の多くは、実如証判本・実悟書写本のなかにまでも、受け継がれつづけている。

御文の地平

御文の成立と段階

吉崎御坊の建立

文明三年（一四七一）四月上旬、蓮如は近江大津をたち、波たつ琵琶湖を後に、北陸へとむかった。本覚寺らの有力門弟や加賀に在住していた自分の子供たちの意見を聞き、滞在の意を固め、七月末に越前坂井郡坪江荘細呂宜《ほそろぎ》郷の吉崎（福井県坂井郡金津町）の地に、坊舎の建立をはじめた。吉崎の旧跡地は、西は日本海、東と南は北潟湖に囲まれた吉崎山の上にある。吉崎山（通称御山）は標高三三メートル余り、面積約二万平方メートルの小丘である。滋賀県多賀町照西寺蔵の古絵図などをみると、坊舎は檜皮葺で、大きさは四間四面とも六間四面ともいわれる。もっとも、親鸞祖像は近江の大津（本福寺門徒道覚道場、のち近松坊顕証寺へ移動）に残したままだったから、この坊舎が本山になったわけではない。この境内地（屋敷地）と麓《ふもと》の多屋《たや》は西門で隔てられ、丘の西面には茅葺《かやぶき》の多屋九坊が点在する。多屋とは、蓮如の側近や坊主分の詰所のことをいう。外域とは南大門（吉崎山より七曲りへ通ずる所に比定）・東門・北大門（東別院付近に比定）で隔てられている。この空間が内寺内なのだろう。東門の東側の外寺内と推測されるところには、鳥居を含む従来からの吉崎村の家屋や、諸国からの参詣人の宿泊所と想像される建物が点在している。この構造は、のちの京都の山科寺内と同一である。門の存在に着目すると、吉崎寺内は、本質的に「屋敷・家内」であり、その拡大したものということになる。

だが、なぜ吉崎だったのだろうか。坪江荘の領主である奈良興福寺と密接な関係があったのならば、政所《まんどころ》（現地の支配の拠点）所在地の兵庫郷（坂井町）に坊舎を建てればよいはずで、朝倉氏と関係があったのなら一乗谷（福井市）に、越前足羽《あすわ》郡の和田本覚寺と関係があればその横に建てればよい。すこし乱暴な言い方になるが、私はそうおもう。細呂宜郷の吉崎は確かに領有権のおよぶ荘園内にあるが、吉崎「山」は、北潟湖や大聖寺川と同様に、領有権のあまりおよばない「無主の地＝虎狼のすみか」だったのだろう。吉崎坊舎から、加賀国境まではわずかに数百メートル、越前・加賀両国の守護勢力からの圧力がもっとも弱い「国境」の地であった。大名権力や荘園領主との関係下に進出するならば、臨済禅や天台・真言宗のほうがずっと勝っている。蓮如が同じ真似をしようとしても太刀打ちできるものではない。蓮如の孫の寺である長島願証寺は、今は愛知県と三重県をわける長良川の川底に沈んでいる。吉崎とは、諸権力に追い立てられつづけたはてに、意識的に選択した地であった。

蓮如は当初から、長期間の滞在を予定していたのか否かは、判然としない。しかし、ただ漠然と無為に時をすごそうとするのではなく、精神的な心の傷を静かにいやそうとするのでなく、また客人として迎えられようといった受動的な意識もみられない。新天地北陸において、意識的に伝道教化に邁進《まいしん》すべく、意を新たにして臨んだのである。すなわち、『帖内《じょうない》』の第一通目の『御文』の書かれた三年七月は、まさに吉崎に居を定めたその月であるが、それには、門徒はわが弟子・人の弟子ではなく、如来・聖人の弟子であると、きびしい口調で大坊主批判が展開されている。この大坊主とは、たんに大寺院であるとか、多数の門徒をかかえているという意味ではなく、いまだ門流的残滓を色濃くのこし、善知識＝如来の代官的な意識で君臨していた大坊主のことと推測される。蓮如は、はるかにひろがる日本海を眼下にしながら、そして無限にひろがる前途をみすえながら、自らの長禄・寛正期の理念を、この北陸の地で再度実現させるつもりだ、と宣言したのであった。

吉崎在住は、結果的にわずか四年余りの短期間であったが、新たな教典類や名号の制定・下付が始まり、そして北陸最初の一向一揆が勃発する。蓮如の生涯においても、一向衆の教団にとっても、最大の画期となった期間であった。

『御文』の誕生

吉崎時代の蓮如のおこなったなかで、もっとも重要なことは、『御文』(御文章)の大量作成・下付の開始である。最初の『御文』は、寛正二年(一四六二)に書かれた。ところが、蓮如の子供たちの手による言行録には、「御文を御つくられさふらふ事は、安芸法眼申《もうし》さふらひて御つくり」と記されるごとく、下付用の『御文』作成は、越前吉崎に滞在していたころ、側近の下間蓮崇《しもづまれんそう》の進言によってはじまった。蓮崇は『御文』の集録(いわゆる「蓮崇本」)をおこなった最初の人物であり、吉崎滞在期以降は、それ以前とはちがって、大量に作成されだしていく。『帖内』(後述)に採用される『御文』も、すべてこの時期以降のものである。寛正説と吉崎滞在期説とは、おたがい二者択一的な見解なのではなく、『御文』成立には、数度の成立過程があったことを物語っているのである。

私見によると、同年冬にとりおこなわれる親鸞の二百回忌法要を期して、自らの信心を表白したものが寛正二年の『御文』であり、その後断続的に数通ほど書き綴ったものの、いまだ公開・下付は予定されていなかった。しかし文明三年以降は、はじめから広く門末への公開・下付を前提とする、いわゆる現代のわれわれが認識しているような、その種の『御文』へと性格を一変させ、大量に作成されて出していったのである。『御文』の拝読は、子供の蓮淳の提言によって、堺御坊に滞在していたときからはじまったといわれる。時期的には、吉崎退去後の文明中期以降である。以上の、自信の表白→作成・下付→読誦という各段階のトータルが、成立過程そのものであった。そもそもいかなる教説も、かりにそれがどれほど立派であっても、特定の人に秘蔵され、多くの人々に伝えられなければ、意味をなさない。多くの人々を経由する過程で必然的に生ずる私見の介在を防止できてはじめて、本来の教説は、そのままの姿を維持しつつ伝えられることとなろう。それが『御文』の大きな意義であった。

巻子本・冊子本

『御文』は、仮名法語の表白文であるが、蓮如没後も、数通あるいは数十通を選びとり、時の宗主の証判が付された、いわゆる『証判御文』がだされつづけている。九代実如のころは、二・三通の巻子《かんす》形態のものが多数見られ、証如・顕如と時代が下るにつれて、冊子形態のものが主流をしめていく。巻子形態のものは、書き出してから、つぎつぎと巻いていき、最後の部分に「宗主名（花押）」という、法義の相伝を意味する「安堵の外題《げだい》」的な証判を押すかたちとなっている。またこの最後の部分は、奥書部分であると同時に、表紙にも相当し、巻封の差出し部分ともなっている。包紙《ほうし》がなく、あて先が欠けているのは、書札礼《しょさつれい》からみてきわめて薄礼であり、身分的に隔絶していることを示す。この巻子本形態の段階にいたり、『御文』は歴代宗主が直接下付するかたちの手紙・消息的な性格をもつようになる。これを、近代的な人権感・平等感のあらわれと評価する見方もあろうが、対象は誰であっても、法語を語るから宗主自身でなければならなかった、とみることもできよう。

ところが、冊子形態のものは、巻子形態のものとちがい、明らかに非文書＝書物である。各種の教典類の内では、冊子本の『御文』がもっとも汚れている。各ページの端には、ほとんどといってよいほど手垢・土垢が付着している。冊子本こそ、「土」とともに生きた末端の坊主衆・門徒衆が、じかに手にしていた教典だったことを物語っている。『御文』は、特定の僧侶身分の者を対象としたものではなく、「天下の尼入道」らの多くの人々が聴き、語りあうことを前提としたものであった。人々は、この冊子本を、法義の学習用テキストとみなし、終わることなき読誦を繰り返しつづけていったのである。下付対象が特定の人物に限定されていなかったこととも関連するが、本尊とともに『御文』もまた、悔《く》い返《かえ》し権の及ばない存在であった。

御文の読誦

現代でも、御文章箱が高々と掲げられて下陣《げじん》へ運ばれ、横向きに拝読され、参拝者は深々と両手をついてこうべを下げて、おのれの身を丸めて拝聴する習慣となっている。『御文』がありがたいから、そうするのではない。内容にたいして頭を下げるのならば、『浄土三部経』や『正信偈和讃《しょうしんげわさん》』のほうにこそそうすべきである。しかし頭は、仏法の教義に下げているのでなく、蓮如という人に下げているのである。戦国期の宗主文書をさして、「御書其地江御下向」と記す例が見受けられるが、『御文』もたんなる紙片ではなく、あたかも独立の人格を示し、その人格が直接「御下向」なされ、人々は蓮如の語りかける「御詞《ことば》」を直接聞かせていただく、そのような戦国期の実態を前提にした作法だったにちがいない。『証判御文』には、数文字ごとにわずかな余白が存在している。この表記上の特徴は、人々に披露し読みあげるさいの、音声の間合いを示すものである。『御文』は、目で見て終わるのでなく、口に出して読みあげ、それを耳で聴くことを自余の前提としたものであった。なお、中世においては、高貴な者は直接語らず（＝充先欠）、面授せずという原則が存在した。取次の代読者が、横向きの姿勢で、音声を間接的に伝達するのはそのためであろう。

現在の『御文』のほとんどは、平仮名で印刷されている。でも、蓮如の草稿文のなかには、平仮名表記のものもないではないが、外にむかってだされる場合は、すべて片仮名表記にかわっている。平仮名でなくあえて片仮名なのは、それが「口頭で語られたことばを表現する文字」(網野善彦氏『日本論の視座』小学館、平成二年刊)だからである。現代においては、意思を伝える手段として、多様な電気・電子機器類がある。それら通信情報機器類がかりに戦国期に存在していたならば、片仮名の『御文』は、おそらくカセットテープのかたちに替わっていたにちがいない。読み手が誰であろうとも、聴き手は、それを上人自身の音声として聴き、しかもオートリバース機能をそなえているがごとく、繰り返しエンドレスに聴きつづける。このような画期的メディア、それが『御文』であった。戦国期の人々は、上人蓮如の語る法義の言葉を、時とところを越えて、目だけではなく、耳だけでもなく、身も口も心も総動員して、拝受し続けていたのである。

讃　嘆　『冊子本御文』の法義の学習用としての機能は、学習のための学習といった機能ではない。『御文』や言行録には、聞法という文言より、寄合・談合・讃嘆という文言が多出する。『御文』には、おのれの仏徳讃嘆のための台本としての機能、寄合→談合→讃嘆のためのテキストとしての機能もあったのである。代表的な、末代无智や聖人一流の章を暗記し、談合の場で、それをもとにして、自分なりのバリエーションをつけて讃嘆の練習をし、本山の報恩講において、「己の信心の表白」（改悔出言）をおこなう、これが当時の人々の一つの目標であった。山科本願寺の開門時、参詣の人々が先を争って圧死した、との逸話が伝えられている。信心の「行《ぎょう》」の姿を誇示しようとしてではなく、信心の表白を出言《しゅつごん》するために、最後尾でない最前列の場が必要だったからである。もっとも、多くの人々にとって、独自の讃嘆は難問であった。人々は、『御文』のなかの代表的な一通を、あたかも自分自身の表白であるかのように語りあげ、最後に、讃嘆の結びの詞である「あなかしこ〳〵」を精一杯の音声で、唱え上げたものと想像される。

言行録の一文に、「御文をよみて人に聴聞させ候とも、報謝と存ずべし」（「実悟旧記」三〇七）という言葉がある。『御文』の読誦→聴聞（→その結果の仏徳讃嘆）は、報謝と認識すべし、というのである。五助業《じょごう》のなかの一つずつが、具体的素材でもって人々に提示されだし、それをおこなうことが報謝（行）と位置づけられていることがわかる。なお、『御文』拝読にさいして、それに記された文字のとおり、しかも、京都なまりの特殊な発音のくせを忠実にまもるべきなどという主張は、各自の自発的・自主的な讃嘆に具するためのテキストという意味がほとんど忘れ去られ、もっぱら形式的な読誦用となった時代、すなわち口伝化・形骸化の進行した時代になって、はじめて登場してきた新儀の見解ともおもわれる。ただし、仏徳讃嘆にかぎってみると、このような『御文』読誦とか改悔《かいげ》のかたちでなされる場合より、むしろ法話・説教というかたちをとって、多くの人々の前で陳じられる場合が圧倒的になっていく。

定本化

蓮如没後、蓮如の下した『御文』類の募集と、実如が下した『証判御文』でも、表現がちがっている異本・類本の募集が精力的におこなわれだす。そして、作成年月日の確定・推定作業もすすめられていく。実如証判の冊子本の配列に注目すると、年月日の順になっていないものが大量に存在している。もっとも、無為・無原則のまま時をすごしたのではなく、その間にも、たとえば③・①・④・②→①・③・④・②→①・②・③・④と、配列の組み替え作業と、新規・追加補充の作業が、間断なく進行していったことだろう。

『御文』はいったい何通あるのか。一般には二百二十余通といわれているが、実際何通だったのかわからない。おそらく将来的にもわからないだろう。今わかっているのも何通

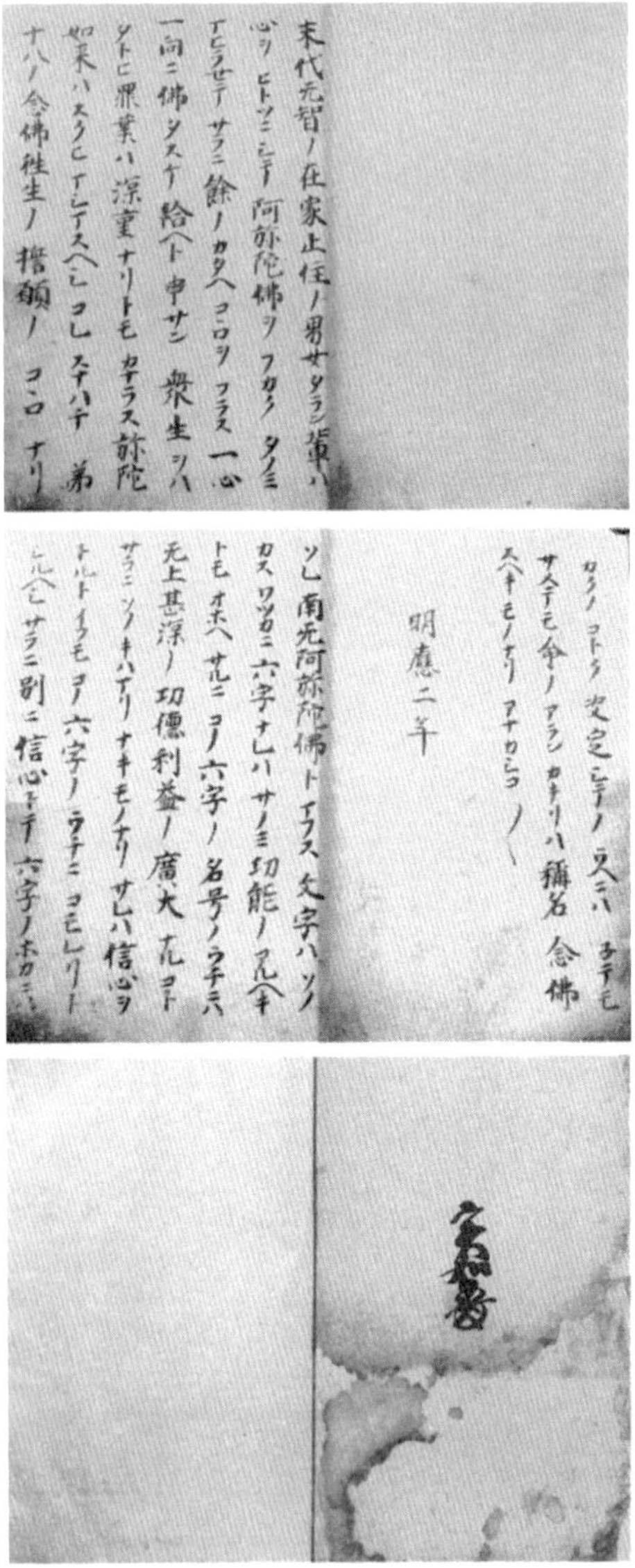
末代无智ノ在家止住ノ男女タラン輩ハ
心ヲヒトツニシテ阿弥陀佛ヲフカクタノミ
マヒラセテサラニ餘ノカタヘコヽロヲフラス一心
一向ニ佛タスケ給ヘト申サン衆生ヲハ
タトヒ罪業ハ深重ナリトモカナラス弥陀
如来ハスクヒマシマスヘシコレスナハチ弟
十八ノ念佛往生ノ誓願ノコヽロナリ
カクノコトク決定シテノウヘニハネテモ
サメテモ命ノアランカキリハ稱名念佛
スヘキモノナリアナカシコ／＼
明應二年
ソレ南无阿弥陀佛トイフ文字ハソノ
カスワツカニ六字ナレハサノミ功能ノアルヘキ
トモオホヘサルニコノ六字ノ名号ノウチニハ
无上甚深ノ功徳利益ノ廣大ナルコト
サラニソノキハナリナキモノナリサレハ信心ヲ
トルトイフモコノ六字ノウチニコモレリト
シルヘシサラニ別ニ信心トテ六字ノホカニハ

『実如証判御文章』福井県坂井郡金津町吉崎寺蔵　第六通目と奥書部分
この冊子本は、各通間に大きな余白があり、第を弟と書くクセや稱の書き順など、蓮如の書き方を受けつぎ、年不詳の「末代无智の章」を明応二年とする、貴重なものである。

なのかすら決定できない。たとえば「聖人一流ノ御勧化《ごかんけ》ノオモムキハ」という一文を例にとると、たくさんの写本があり、それには、「ヲモムキハ」「ヲモムキワ」と書いてあるものや、「ソレ聖人一流ノ」「夫聖人ノ」「当流聖人ノ御勧化ノ」「親鸞聖人ノ御勧化ノ」とか、文字表記がすこしずつちがう類本・異本が多数見受けられる。これらをかりにすべて蓮如自らが書き記したものとみなすと、この例だけですでに六通になる。これがはたして、蓮如の書き直したものか、後の筆写した人物が意図的に文字表記を直したものか、そのみきわめは永久にできないのである。とりあえず、『御文』が八〇通あるとすると、それは八〇種類の意味で、各種類に一〇通前後の類本・異本があると仮定した場合は、それだけですでに八〇〇通の『御文』があった、このように理解するほうが、実態に近いのである。蓮如という人物は、そのときの雰囲気で表記をかえるような、かなり気紛れな性格だったと推測することも可能であるし、あるいは、一〇年来同じ講義ノートを一字一句ちがえることなく繰り返すような人物とはちがい、下付するたびに手を入れつづけ、よりベターなものを目指しつづける性格だったと推測することも可能である。

　異本・類本の募集にともなって必然的に生ずる、この種の錯綜状況に終止符をうち、数々の異本・類本のなかから今後この一通のみを用いていこうという決定が、永正末期に円如の決断によって下された。そして、特殊な条件下でしか意味をなさないものなどを内容的に取捨選択し、その結果、誕生したのが五帖八〇通の『定本御文』である。このときの宗主は実如であるから、実如の決定とする見解もある。しかし、その論でいけば、昭和の時代における決定事項は、すべて昭和天皇の決定事項であるという主張と、どこか似ている。永正末期における今後の教団の将来を決定する三法令（新坊建立停止令・三ヵ条の掟＝僧俗分離令・一門一家の制）を制定し、大永初年の北陸一揆を命じたのが、弱冠三〇歳で没する円如であった。当時はなかば隠居状態の父実如を含めて、なみいる蓮如の子供たちをさしおき、この種の決断を下しうる人物は、円如をおいてほかには考えられない。

この定本化により、文字情報への依存と信頼性が確立された。ながらく人々を恣意的に左右してきた善知識（人師）による独善的・恣意的発言が通ずる場は、これ以後、ほとんどなくなったのである。

聖教の成立

『御文』に影響を与えたもの

『御文』の起源にかんしては、親鸞の「消息《しょうそく》」に習ったという見解がある。しかし、巻子本にかぎってはその可能性も否定できないが、様式的にはまったく消息様式と異っている。それよりも、むしろ『談義本』のなかに、きわめて似ているものが存在している。『談義本』とは、諸門流のさまざまな善知識たちの書きしるした「和語聖教・仮名聖教」類である。『御文』をして、「形をみれば法然」と評されるゆえんは、この種の系列のものと認識されていた証左とも考えられる。蓮如も若年時における教典研鑽の過程で、実際目にしていたはずである。

蓮如の消息に、継職直後のものと推定される七月二十三日づけのもの（上越市本誓寺蔵）

がある。内容は、音信＋法語＋懇志礼で構成されており、基本的に同一構造のものが、戦国期歴代宗主の発する懇志請取消息（＝御文之御書）へと受けつがれ、そのなかの法語部分のみを取り出して、内容的に拡大して、一通の談義書の体裁にしあげたものが『御文』になった、と推測することも可能である。

『御文』を内容の上からみると、親鸞著作物の直接的影響下に誕生したのではなく、覚如・存覚の各種典籍類を基礎に置いて、成立をみたものということができる。たとえば、『御文』で頻繁に使われている、安心《あんじん》・不来迎・平生業成《へいぜいごうじょう》・報尽などの文言は、なによりも覚如・存覚の「仮名聖教《しょうぎょう》」中で使用されているものであった。なかには、数行にわたり同文引用の箇所も存在する。たとえば、現在も葬儀の最後に拝読される決まりとなっている「白骨の章」の『御文』は、『存覚法語』の記述文言をベースとしている。『帖内御文』の一帖目第一通は、『歎異鈔』の文言を引用するが、それは、『歎異鈔』の原文からの直接引用ではない。第一通の特徴的な法義文言は、ほぼ覚如の『改邪鈔《がいじゃしょう》』からの転用であり、一帖目第二通は、存覚の『破邪顕正鈔《はじゃけんしょうしょう》』からの転用が見受けられる、と指摘されている。「一大事」「往生治定《じじょう》」は、親鸞でなく、覚如の『口伝鈔』一七章・二一章を出拠とする。『御文』中の六字釈《ろくじしゃく》（南無は弥陀をタノム衆生の信、阿弥陀仏は衆生を助くる法）は、親鸞の名号釈でなく、覚如・存覚経由の善導・法然の六字釈といわれる。以上の特徴は、蓮如が書写した教典類の特徴と、まったく軌を一にしているのである。

聖教の成立

蓮如の若いときには、精力的に書写した教典類を下付していたが、『御文』の大量作成・大量下付をはじめて以降は、ほとんどおこなっていない。一部の有力寺院あての教典下付は無意味と判断し、かわって、不特定多数に提供可能な『御文』へと切りかえたためである。覚如・存覚著作物そのものをじかに下付するかわりに、その要約文・選択文の下付ということになる。教典類下付の減少と『御文』下付の盛行は、相反する現象でなく、かたちを変えただけのものということにもなろう。

しかし、『御文』の作成・下付には、もう一つの重大な意味があった。たとえば覚如の『改邪鈔』を例にとると、第一条の絵系図批判の項は、ほとんど『御文』に引用されていない。善知識批判の箇所は、逆に積極的に用いられている。覚如・存覚著作物のすべての記述内容は、そのままのかたちでは、もはや公表したり叙用することはできない、「宗祖親鸞」の教えと矛盾せず、さらに蓮如のすすめる宗派化を裏うちする概要のものにかぎって、『御文』に引用・転用する、この無言の宣言であった。おもえば、若年時から覚如・存覚著作物に育てられた三十数年間であった。その結果の苦渋の決断が、覚如・存覚著作物の記述内容をそのまま公表し続けることの断念であったのである。公表すべき内容は、両人の言葉としてでなく、宗祖親鸞の言葉として書きかえられるべきである、と蓮如は一人しずかに決意したのである。

もし二〇歳代で継職していたならば、『御文』は誕生していなかったにちがいない。自余の前提として、当初から宗祖が一人に決まっていて、だから親鸞の教えを多くの人々にわかりやすく伝えた人物が蓮如、という現代的な理解は、蓮如の苦渋の決断をみすごす結果となろう。また、親鸞・覚如・存覚・蓮如の著作物の記述概要を、トータルにいかに整合的に理解するかという研究視覚は、この段階における蓮如の方向性とか本意にそぐわない、ということもできよう。現在、真宗大谷派は親鸞著作物のみを「聖教《しょうぎょう》」としている。本願寺派のほうは、そのほかに覚如・存覚の著作物や、他門流の相伝物である『安心決定鈔』や『歎異鈔』をも「聖教」に含めている。相伝物の独占を批判し、『御文』と『正信偈和讃』のみを教団の聖教とする、これが吉崎時代以後の蓮如の意志であった。なお、化身観とか生き仏信仰は、蓮如以後も連綿とかたちをかえて、命脈を保ちつづけている。にもかかわらず、善知識＝如来・菩薩観の全面的な復活を押しとどめた最大の抑止力は、聖教の限定化にあったと推測される。

正信偈和讃

本願寺では日々の勤行《ごんぎょう》に、中国浄土教の祖師といわれる善導の『法事讃』や『六時礼讃《らいさん》』などを読誦していた。その節《ふし》は浄土宗系の節だったと推測されている。もっとも、読誦自体にかんしては、読誦は五助業での一つであり、それほどの明確な意味づけがなかったというのが、本当のところだったのだろう。しかし文明五年（一四七三）にいたり、蓮如は、新たに親鸞の『正信偈《しょうしんげ》』と『和讃』を合本化して、これを四帖一部からなる宗祖親鸞の代表的「聖教」と位置づけ、そして板木に刷って下付しはじめ、さらにその読誦に踏みきった。

木版化の決定は、蓮如の手もとにある和讃本が、数度のすりあわせによって、親鸞真筆原本と完全に一致したことを示すものではない。むしろ、完全な正本《しょうほん》化の意識的な放棄と、開板という行為に新たなる意義をみいだしたためであった。文明版『正信偈和讃』の版木は、本願寺の側で作成されたものではなく、民間でつくられた「町版」と想定されている。このことは、教典の私有化、すなわち独占的な製造・配付・販売・回収（悔い返し）の権限の放棄を意味する。現在の真宗の僧俗の間において、『正信偈和讃』や『御文』や本尊類を、本願寺から一時的に借りているとか、預からせてもらっているとの意識はない。自分の（家の）ものという意識は、蓮如によって与えられた意識なのである。ともあれ、各門流の師匠（善知識）たちは、この結果、大きな打撃をこうむった。『御文』の開版＝公開に端的に示される行為は、従来恣意的に下付し悔い返してきた師・善知識の権限に深い打撃を与えるものとなったからである。

もっとも、人々はこの開板本を手にしても、かなりのとまどいがあったはずである。その正信偈には仮名がふられておらず、和讃には「節符（博士《はかせ》）」の音程がふられていなかったからである。本願寺にしても、従来から読誦の伝統をもつ高田派・仏光寺派・三門徒派のどれかと同じ節《ふし》を援用すれば、ことは簡単であるが、本願寺独自の節は当初から存在するはずもなく、急遽、慶聞《きょうもん》坊を京都大原に遣わし、天台声明《しょうみょう》を習得させている。戦国末の宣教師は、九州博多の住民が「その家に有する鐘の音に連れて、毎朝および夕刻、高声に偶像に対する祈禱を歌ひたるが、この祈禱（南無阿弥陀仏）は繰返して一時間またはそれ以上に及びたり」と記している。『正信偈和讃』の僧俗あげての読誦の風習は、おそらく近世教学の勃興・浸透を受けたものであった、と推測してみたい。文明段階での読誦の意味は、読誦という「助業《じょごう》」の具体相を提供するという点に、主要な意義があったのではなかろうか。

御文の世界観

タノムの言辞

後年、蓮如の最大の功績は、どこにあったのかという話になったとき、従来は「委くなにとたのめと云ことをしらざりき」に、「弥陀をたのめ」という点を明らかにした、これが蓮如の一番の功績である、という逸話が言行録に記されている（『行実』二八七）。現在の私たちの感覚からすると、なぜこの点がそれほど重要なのか、皆目わからないほど、あたりまえの一文である。蓮如は、阿弥陀如来にタノムという方向性（祈願、請求《しょうぐ》）を否定し、阿弥陀如来をタノムという方向性（信順）を示さんがために、こう発言したのであろうか。たのみ方、いただき方は、近世教学の課題であって、戦国期の人々が驚嘆し、あえて「功績」とたたえた理由は、蓮如以前の人々、さらには蓮如のもとに集っている多くの人々ですら、人師・善知識を、鰯の頭を、悉皆《しっかい》草木をタノンでいた、上人は唯一阿弥陀如来のみをタノムべきであると明示された――こう理解するほうが、真意に合致する解釈とおもわれる。

　戦国時代の日記・文書には、「頼《たのむ》」と「憑《たのむ》」がともに使われているが、蓮如はほとんど片仮名のタノムか憑を用い、頼は用いていない。九代実如の消息中に、頼はなく、憑は一例、仮名は三例ある。一〇代証如の場合は、頼が七例、憑が三例、仮名が三例ある。一一代顕如は、頼が七一例、憑が一四例、仮名が四四例となっている。現代のわれわれが使う「頼」とは、一方が他方にお願いするという意味であり、「弥陀ヲタノム」の憑とは、この私のすべてを託しきる、といった感じである。言行録には、「弥陀ヲタノメル人ハ、南無阿弥陀仏ニ身ヲバマルメタル」（『聞書』一八〇条）と記す。「頼」が自立的個人間の双務関係下での契約・交換的な概念とすると、「憑」は集団と個人が未分化な包摂下での概念とでもいいかえられよう。憑から頼への変化は、「自我意識」とか独立的人格たる個人という観念の、誕生・成長・定着という事実の投映であった。

　蓮如が、あえて漢字を当てなかったということは、「憑」より「頼」のほうがしだいに優位性を帯びつつある時代相に気づき、にもかかわらず、「憑」で語られる真意を固守しようとせんがため、と想像される。「憑」の体感が消滅した近世中期以降、『御文』の教説の中核をなす「救い」の概念たるタノムの解釈をめぐって、大論争が惹起された。普遍性を求められる教義概念と、時代によって刻々と変化する言語概念との断層が、どうしようもないところまで拡大したということなのだろう。

摂取のイメージ

蓮如のこのような「憑」＝託するという摂取観・包括観は、どこから生じてきたのだろうか。蓮如は、寛正二年の筆はじめの『御文』のなかで、すでに「弥陀如来光明ヲハナチテ……ソノヒトヲ摂取シタマフ」と記している。『正信偈註釈』『正信偈註』『正信偈大意』の「摂取心光常照護」の文言の註記には、この『御文』の摂取観を示唆する文言は記されていない。出拠《しゆつこ》は、善導の『観念法門』の「護念増上縁ノ第三釈」にある、「かの仏の心光、常にこの人を照らし、摂護して、捨てず」の一文である。この一文は、親鸞の『尊号真像銘文』にも引用されている。しかし、この『銘文《めいもん》』は高田専修寺の所蔵になり、「存覚目録」中にも見受けられず、蓮如が実見し、書写しえた可能性は、はなはだ薄い。おそらく、「第三釈」を記した讃を付した古い法物類からか、または、直接『観念法門』を読破する過程で、であった一文だったのではなかろうか。

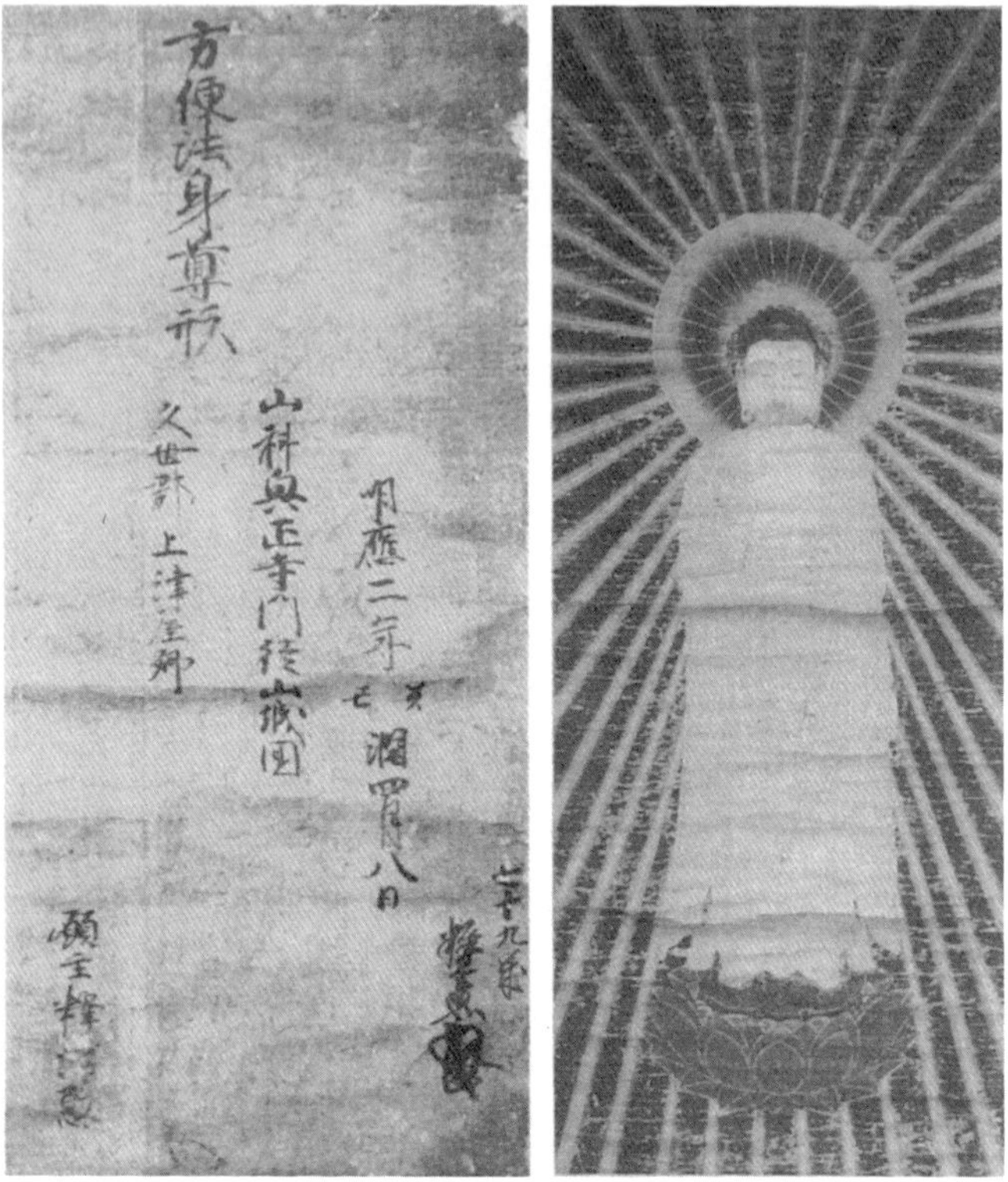

絵像本尊と裏書　福井県大飯郡高浜町西恩寺蔵

明治末年に当寺へ寄贈、最近まで臨終仏として用いられる。裏は51.5×24センチ。□勲の抹消が惜しい。上津屋郷は、八幡市から城陽市にまたがる地域。表は99.2×39.4センチ、像高57.7センチ、画絹縦糸は1センチ19〜20組。表裏の一致は不定。金泥・截金の仏身と光明がまぶしい。

蓮如は、「弥陀をたのめば如来の仏心と一ツになしたまふ」(『行実』二五九)と、善知識の介在しない仏凡一体の教説を主張するが、高田派の真慧は、その教説は善知識の勧めによってこそ受用が可能と主張する(『顕正流義鈔』)。長禄・寛正期は无碍光本尊が、寛正の法難でその発給が止まったのちは、もっぱら一貫代の阿弥陀如来絵像が代表して、弥陀の光明による摂取・包摂感を与えていった。当時の絵像本尊は、観仏的な対象物ではなかった、ということでもある。蓮如の好んだ文言に、「行住座臥《ぎょうじゅうざが》」という文言がある。起きているときも、寝ているときも、歩いているときも、日常生活の全時間帯に価値をもたせる言葉である。従来誰からも、自らの存在意義を与えられることのなかった多くの人々は、この絵像と『御文』とによって、つつまれ、はぐくまれ、護られているこの私、弥陀の救いの目当てのこの私、といった自己存在・自己認識を、じょじょに育てていったことだろう。

救われる途

では阿弥陀如来をどのようにタノムべきか。蓮如は、「タスケタマヘとタノム」と、われわれの側からの能動的なはたらき、いわゆる「願生心」をおこすよう求めている。もっとも、タスケタマヘもタノムも、自力的な語感を強くはらんでおり、誤解されがちな表現と、当初から認識されていたらしい。戦国末期の九州のある道場坊主は、宣教師に、南無阿弥陀仏とはどういう意味かと尋ねられ、「阿弥陀は偶像の固有名詞、仏は贖主《しょくしゅ》といふこと、南無は我等を救へよといふことなり。このゆゑに、祈禱の三部を合すれば、贖主なる阿弥陀よ、我等を救へ、といふ意味となる」と答えている。第一線の現場にいる教化者は、タノムを「末代无智の御文」的に、救いたまえといいかえて、六字釈を人々に伝えていたのである。戦国末の豊後国で、大友宗麟の腹心のキリシタンが重病に陥ったさい、叔母が病床に見舞い、聖水による奇蹟の実現（助かる途）に心を傾けることなく、「やがて阿弥陀の極楽で再会しよう」と、救われる途を語りかけている。このような四百数十年前の、九州の一地方での日常的・具体的な一向衆の姿は、きわめて新鮮で、現代の私たちにほとんど古さを感じさせることはない。

蓮如は、「一人なりとも信をとるべきならば、身命をすてよ、そ（さカ）れは（身命も）すたらぬぞ」と語った（「実悟旧記」）。命が助かる・助からないという現世利益《げんぜりやく》的レベルの問題よりも、信を得て「仏」になるという、救済の是非こそ大事（「後生の一大事」）、との主張である。戦乱にまきこまれないようにというような「助かる途」や、死の恐怖を超えていこうというような「悟る途」ではない、新たな第三の途、すなわち「救われる途」の提示によって、たとえ「出る息は入るをまたざる」突然死であっても、「弓箭にあた」

る不運な死であっても、それはけっして無駄死ではない、との論が展開されだしていく。これは、従来からの「いのちこそ大事」という教説とくらべ、正反対の論理構造である。人々は戦乱の被害をこうむらないように、必死に祈ったことだろう。しかしそのつど、現実に何度も裏切られつづけてきた多くの人々は、絶望感・無情感とはちがう、現実の争乱にさいしてもけっして裏切られない教説に、はじめて接したのであった。

文明六年（一四七四）の吉崎大火のさいに、ある僧が自分の腹を切りさいて、そのなかに経典を籠めて（「腹籠りの聖教」）、焼失の危機から守ったという伝承がある。のちに山科本願寺が建立されたとき、親鸞祖像の引渡しを渋った三井寺《みいでら》側が、生首と引換えならば、祖像を渡してよいと提案、「源兵衛」がおのれの生首を差し出した、という伝承も伝わっている。これらの逸話は、たんなる怪奇伝承・忠節談義とみるのではなく、おそらく「いのち」以上に価値のあるものにふれたおもいを、上記の説話に託して、今に伝えているのだろう。吉崎には、「嫁威肉附の面《おどしにくづき》」が何面か現存している。これは、嫁の吉崎参詣を阻止せんとした老婆が、鬼の面をかぶって脅かしたところ、面が剝がれなくなったという説話である。旧来の俗信仰との葛藤・克服を主題としたものとか、女人往生《にょにん》を主題としたものといった説明がなされているが、鬼の面相は、何も女性にかぎったことではなく、すべての人々の心のなかに、鬼面と同様の醜悪な心があることを、視覚に訴える、いわゆる「機の深心《じんしん》」をよびおこさせる素材とおもわれる。「竜女伝承」も同じく、たんに女性をもっぱら対象としたものと限定してみるのではなく、世間から除外され、排除されている人々も、ともに救いの目当てであることを告げる説話とみることが可能である。なお、真宗には、祈ることによりなんらかの「奇跡」が実現するといった類の説話は、まったくといってよいほど存在しない。奇跡が呪術的であり、非科学的だからでなく、祈り自体が「自力」の行為だからである。

御同朋の観念

蓮如は、『御文』のなかで、同信者を「御同朋《おんどうぼう》」とよぶ。また、「信を得つれば、さきに生るゝものは兄、後にうまるゝものは弟（梵網経）……、信心一致のうへは、四海みな平等」（「実悟旧記」）ともいう。もっとも、仏教集団内での序列は、古来から出自でなく臈次によっており、その点での新鮮さはとくにない。しかし、旧来の仏教集団と大きくちがう点は、出家者に限定されず、「この流儀、在家にて建立あるにて平等繁盛するなり」（「空善記」）というごとく、世俗の人々をも含んでいる点にある。蓮如の下した絵像・画像類には、裏書が貼られているが、その差出人（蓮如）と願主の位置は、後世の場合とちがって平行・対等になっている、との指摘がなされている。願主名はすべて法名で記されているものの、その大半は、出家者ではなく、各地域社会内で日々懸命に生活を営みつづけている在家の人々であった。この平等観を、近代的な人格観・平等観を先取りした鋭い認識、などという一個人の資質で説明しおえるのでなく、教説の継承という視点からとらえると、『改邪鈔』の、「祖師……マタク弟子一人モモタス……、ミナトモノ同行ナリ」「同一念仏、無別道故ナレハ、同行ハタカヒニ四海ノウチ、ミナ兄弟ノムツヒヲナスヘキ」の文言に着目できる。覚如のこの主張が受け継がれ、そのまま蓮如の言葉にかわっているのである。

戦国期の教団内の史料に注目すると、「坊主衆」に「御坊主衆」と記する例はほとんどなく、「門徒衆」に「御門徒衆」と記する例はかなり散見される。門徒身分は、坊主身分からすると「陪臣」身分であるが、法物類・『御文』・宗主消息類は、陪臣身分の門徒衆へ直接与えられているケースがかなりある。それが可能な理由は、「開山聖人の御門徒」「開山聖人之一大事の御客人」（「実悟旧記」等）と、位置づけされていたからである。宗祖の前では、宗主も坊主衆も門徒衆もともに列座し、直参すべき存在、ということなのだろう（「空善記」）。坊主衆と門徒衆との師弟関係は、個別的な私的関係であり、宗祖と人々の関係は、包括的な公的関係といいかえてもよい。

本来的に宗教の世界は、政治的・社会的価値観とは別次元のものであり、論理的には、貧民から大名本人まで、一向衆は、あらゆる身分・階層のなかに存在していてよい。そして、どのような世俗上の身分差があろうとも、阿弥陀如来と宗祖親鸞の絶対的包括下では、無条件的で均一なる「悪凡夫《あくぼんぶ》」として存在している。もっとも、『御文』のなかには、たしかに「罪悪深重の凡夫」という表現はあるものの、悪凡夫にかんする深い罪業感の表明は、ほとんどなされていない。蓮如は、非内省的な性格ともいわれているが、はたしてその種の個人的性格のみの説明でよいのだろうか。中世の顕密大寺社の荘園領主側は、過酷な課役徴収に反抗する荘民に対して、彼らを無限地獄に堕とすべく、しばしば調伏《ちょうぶく》・祈禱をおこなってきた。かりに蓮如が自己の問題として罪悪感・罪業感をのべたとしても、受けとる側の人々はおそらく、顕密大寺社と同じように自分たちを追い込めようとする、新たなる敵がまた登場してきたとおもうだけだろう。『御文』は、世俗の世界に生きる人々の罪と罰からの解放をうたい、世俗の世界とは一線を画した後生《ごしょう》＝信心の世界での感謝を勧めるものである。人々は、『御文』の中から、戦国の世の新時代相と合致する、そんな息吹を感じとったのであった。

仏法領

蓮如は、同信の人々を「開山聖人の御門徒」とみなしたが、人間以外のさまざまなものをも、同じような認識で受けとめていた。たとえば、衣装・水の一口・あきない・門徒の進上物・紙切れなどですら、「聖人より賜った物」という認識である。たまわるという表現は、「領」の右訓として記されており、別の箇所では「聖人よりあずかっている物」とも記されている。「仏法領」とは、聖人よりの預かりものという、非所有を意味する概念なのである。本願寺の歴代住持の大きな任務は、「開山聖人の御家（＝仏法の家）をつぎ、御留守まうす事」であった。親鸞死後、永遠につづく留守の期間中、親鸞の家とその家に帰属しているいくたの僧俗を預かりつづける職《しき》、それが留守職であった。

そもそも、紙切れ一つでも大事にする態度や習慣が、少年期・青年期の実際の貧困生活から身についたものと推測することはたやすい。また高僧・名僧たちが、この種の逸話で脚色され、虚像化されることもめずらしくはない。でも、貧困状態は、なにも蓮如一人にかぎったことではなく、同時代のほとんどすべての人々が飢えていたのは、間違いなかろう。しかも飢えは、けっして恥ずべきことではなかった。戦国末の宣教師の報告書によると、中世においては、世俗の君主すら、富を一方的に集積することを「恥」とおもい、富の配分による清貧な生活をすごすことで世間の人々からえられる「名誉」をこそ、もっとも大事なことと認識していたらしい（『日本巡察記』『看羊録』）。富に至上の価値観を求めだすのは、豊臣秀吉の時代になってからのことである。

この逸話が事実であったことを告げる『御文』が、今に残っている。一つは石川県珠洲市正福寺《しょうふく》の『御文』で、もう一つは大阪市浄照坊の『御文』である。前者は四枚の紙片、後者は一〇枚の紙片を切り貼りしている。藤原正己氏の研究によると、中世ヨーロッパ宗教界においても、「聖」なる分野から得たものは、必ず「聖」なるものへとあますことなく消費しつくさねばならないという、還元・循環原則（ポトラッチの消費）が存在していた、との指摘がなされている。日本の中世の場合、おうおうにして、仏物《ぶつもつ》はそのまま僧物《そうもつ》となり、僧物が容易に人物《じんもつ》へと転換され、あとかたもなく消えていった。

しかし、善知識は如来等同でないとの見解が登場すると、仏物がただちに僧物・人物へと変換されることは、容易でなくなる。聖人より賜ったもの、あずかったもの、すなわち「仏法領」に属するものは、同じく「仏法領」にかんするものに費やされなければならない。紙切れ一片をも大事にしたという事実は、個人的生活体験の次元で説明したり、聖人《せいじん》譚《たん》の一種と解釈するのでなく、これまた善知識観から直接派生したものと理解すべきであろう。ともあれ現代の私たちが、蓮如の心を聞き流すようになってから久しい。清貧・けじめ・名誉という観念を死語とさせてから久しい。

異義と異安心

蓮如は、『御文』や言行録のなかで、さまざまな「異義」を批判している。たとえば、施物《せもつ》だのみ（善知識に布施行をすればよいとの認識）・一益法門《いちやくほうもん》（現世の自分が仏で、自分のいる場が浄土という認識）・不拝秘事（自分が仏なので、それ以外の本尊をとくに拝む必要はないという認識）・無信念仏（念仏それ自体に聖的な働きがあるという認識）・十劫正覚《じっこうしょうかく》（弥陀如来の誓願が、時を超えて善知識に体現しているとの認識）などが俎上にあげられ、激しく指弾されている。指弾の対象は、教団内の人々であるが、これらの異義は、たとえば、浄土宗鎮西流とか西山《せいざん》流とか一遍義、あるいは三門徒派・高田派などの門流段階の諸集団に共通して見受けられる、中世仏教界のごく一般的な認識であった。

これらの異義は、それぞれおたがいに無関係なものではなく、ともに「如来等同観」を共通ベースとし、そこから派生して展開されていったものである。僧物＝仏物観がなかば常識化していた時代にあって、たとえば懇志が、仏物であり僧物でないと批判されても、批判されている当の本人は、なぜ批判にさらされるのかすら、ただちには納得できなかったことだろう。無信念仏・十劫正覚の批判によって、人々は自らの信心獲得《ぎやくとく》にむけての、能動的な対応をせまられることとなり、善知識だのみ・一益法門・不拝秘事の批判によって、教団内の人々は、指導的立場の僧侶への絶対的な帰依から、ある程度解放されることとなった。

ところが、この種の異義や秘事とは異なる宗内の深刻な問題が、「異安心《いあんじん》」の問題である。異安心の問題は、真宗の教えをどのように理解すべきか、その見解の相違から発生した後世の課題であるが、その萌芽は、早くも戦国期の宗主消息中に見受けられる。たとえば、実如の子の円如は、ある消息の中で、「をの〳〵の念力にて、法敵《ほってき》を必々あひしりぞき候ハんする事、うたかひなく候」と書きしるしている。「念力」の語彙自体、非真宗的で、きわめて呪術的・自力的な感じを受ける。円如は若年ながら、『五帖御文』の定本化をなした人物である。念（心）も力（身）もすべて総動員すべきとの主張は、近世後期に異安心として否定されることとなった「願生帰命説《がんしようきみよう》」「三業帰命説《さんごう》」につらなる、その原初的な萌芽であった。

もっとも、戦国期教団においては、専門的な教学機関がなかったため、この種の教義的なゆらぎは、事実上いたしかたなかったといってよいだろう。さらに、ゼロからの出発当初においては、なによりもまず「タスケタマエ・タノム」という「願生心」によって、人々に能動的な意識をもたせることが不可欠であった、とも想像される。この想像がかりに事実に近いと想定すると、戦国期の教団内には、身《しん》・口《く》・意《い》の三業すべてをフル回転させる、きわめてエネルギッシュな行動教団といってもよい、そんな活力が満ち溢れていた、ということになる。本来「静」的な教団なのに、一向一揆のときにかぎって、出所不明の得体のしれないエネルギーが爆発した、とみるほうが不自然なのかもしれない。

加賀の一向一揆

仏法と王法

浄土真宗（一向宗）は、ほとんど社会的な諸問題には、関与してこなかった。それは、親鸞を含めた浄土教全体の大まかな伝統的傾向と思われる。蓮如も同様に、「聖人一流の御勧化《ごかんげ》の趣は、信心をもって本（根本）とせられ候」と主張し、信心の世界＝仏法の世界をもっぱら至上のものと訴えつづけている。仏法の領域は、王法《おうぼう》（政治理念・政治秩序のイデオロギー）・世法（社会生活上の徳目）の領域とは一線を画したもので、かつ、補完も対立もせぬ自立した独自の領域としている。今流の言葉でいいかえると、「政」と「教」との分離、そして「教」の独自性の主張、ということになろう。その「教」の独自性・正当性を裏打ちするのは、「政」に属する世俗の諸権力でな

狭義の仏法観

く、「政」を越えた存在たる阿弥陀如来である。この意味で、一向宗の仏法観は、きわめて自己完結的な特徴を帯びている。この自己完結性のゆえに、一向宗の阿弥陀如来は、王法的仏法観を体現しているさまざまな「護国の仏神」を組織化・系列化することはできず、また、それら仏神に超越する「最高神」的な存在となることも不可能であった。

さて、ほとんど社会的に影響力をもたない小規模な一門流が、この種の仏法観を主張しているうちは、さほど問題とならなかったが、文明三年以降、多くの人々が吉崎に群参しだし、たちまち教団は、北陸における一大社会勢力と化していった。聖道門《しょうどうもん》系の諸宗派のなかには、世俗の縁を絶ち切った出家集団も存在し、世俗に対する内部規範はそれほど必要というわけではない。しかし一向宗の場合は、「凡夫にて在家にての宗旨」であるために、信心の世界と世俗の世界の択一とか棲み分けはかなり困難で、世俗の世界に生きながら、それと信心の世界はいかにかかわるべきか、また、既存の顕密諸宗派といかにかかわるべきか、そのかかわり方の提示は、必須であった。吉崎の蓮如は、緊急課題に応ずるかたちで、『御文』のなかで、仏法と王法・世法との分離、王法・世法の尊重を訴えだし、そのことを「掟」書きまでしてつぎつぎと発布するにいたる。しかし、どの掟をみても、「仏法」のなかに、阿弥陀如来以外の「諸神・諸仏・諸菩薩」を含むことはけっしてなかった。諸神・諸仏・諸菩薩の尊重は、社会上の風習・徳目（王法・世法）と位置づけられたままであった。

存覚は、阿弥陀如来を「護国の仏」とのべ、「仏法をもて王法をまもり、王法をもて仏法をあがむ」という伝統的な「仏法王法両輪説」を展開している。しかし『御文』中では、種々の存覚の主張を引用していながら、両輪説・護国説にかんしては、まったく引用していない。もっぱら「分離尊重論」の繰り返しである。もっとも「分離尊重論」ですら、どれほど「尊重」に力点を置いたとしても、中世における一般的宗教感（祭政一致観）を否定することに等しく、当然のことながら、諸神・諸仏を護持することで自らの正当性をうたいつづけてきた既存の諸宗派・諸権力の激しい反発をまねいた。また、守護・地頭の尊重も繰り返されるものの、信心の世界とは異質な世俗的諸権力に擁護されたかたちで、教団発展を指向する意思は、まったくといってよいほど見受けられない。

勧農権の問題

前近代における祭政一致とは、ほんらい別々の祭と政とが、妥協・癒着・合体したといった感じではなく、どこまでが政治の分野でどこからが宗教の分野か、その区別・判別がしかねるほどに渾然《こんぜん》とした、いわば社会の現実そのものであった。たとえば、一村落の一年を想定してみると、まず春祭りをおこない、前年来の貢物の一部を聖なる種籾として放出・貸出し、農業用水も土地改良区もない状況下で、炎天がつづけば、雨乞いの祈禱をし、農薬のない状況下、虫除け（悪霊送り）の祈禱も欠かせない行事であった。秋になれば、収穫の感謝祭を挙行し、村堂・村社の神仏に貢物＝初穂を捧げ、その一部を来年の籾に備蓄する——これが、村落の一年である。惣村では、村持ちの費用で、代表者を何人か、天台・真言系のしかるべき大寺院の子院へ留学させ、護国経典の勉強や、この種の年中行事の最新・最良の執行方法を習得させる。代表者は、ついでに、読み書き・算盤《そろばん》や京都の領主へ送る年貢の為替方法、さらには中央の政治・社会・経済動向にかんする情報までも見聞きして帰郷し、村堂・村社の神職・坊主となり、かつ、村を代表する「長《おとな》」とともに、現地の諸案件を切り盛りする。村の権力者は同時に村の宗教者でもあり、一郡の権力者は同時に一郡の宗教者・外護者でもあった。このような、現実の村落・地域社会・一郡・一国が生きつづけるための宗教的＝生産的な諸権能を、一括して「勧農権《かんのうけん》」とよんでいる。

蓮如は、頭のなかとか机の上からでなく、この種の渾然一体の祭政一致状況の現実を見据えながら、勧農権を裏打ちする諸神・諸仏を「仏法」のなかから排出し、習俗としたのである。一例として「念仏」をあげると、従来の六斎念仏・百万遍念仏・日待念仏・天道念仏などから、勧農的機能を削ぎ落としたということでもある。このような宗教に、比較的容易に参入しえたのは、おそらく流通業・商工業に従事する、勧農権に直接関与しない人々であったろう。反対に、もっとも蓮如の教えを受容しがたい人々は、惣村において現実の問題として勧農権を行使している「長・老《としより》」であり、村堂・村社の「坊主」であった。近世の寺檀制度が確立する以前は、信仰は自由であった、としてもである。その場合、番頭とかの惣村の指導者層がかりに一〇名であるとすると、二、三人が蓮如に帰依し、残りは帰依しないといった、信仰の自由による選択は、ほとんど不可能に近かったものと想像される。この一〇名は、おそらく婚姻の繰り返しによる親族ネットワークを構成しており、一〇名全員が帰依するか、一〇名全員が帰依しないかの択一しかなかっただろう。加賀を中心とする北陸諸国でほぼすべての人々が一向衆となったのは、この種の惣村の勧農権を握る「長・老・坊主」が、ほぼいっせいに帰依した結果である。

蓮如来訪伝承

北陸各地に、これが「蓮如さん」の座った石、あれが使った筆や硯という、虚実入りまじった伝承が散在している。蓮如さんはわれわれとともにある大いなる爺さま、そのような生の感情が、いまも北陸各地に残っているといわれている。実際、子供のころからこの種の説話を身近に聞いて育った人々と、成人になって頭から真宗の教義を吸収した人々とでは、蓮如への思いに、かなりの差異が生ずることだろう。各種の説話・伝承中、そこが蓮如さんの掘った井戸の跡という伝承には、とくに注意を注ぐべきである。弘法大師をはじめとする高僧には、井戸跡伝承が必ずといってよいほど見受けられるのだが、水道の完備した現代では想像もできないほど、飲料水↓生活用水↓産業用水を差配することは重要であった。勧農権の根幹部分を掌握することに通ずるからである。また、真宗寺院の由緒書を通観すると、神職の者の改宗例が、意外に多くみられる。有力な大社の専業神官とみるのでなく、村堂・村社の兼帯神職と推察すれば、奇異な感じを払拭できる。

ともあれ吉崎滞在中の蓮如は、文明三年以後数年間にわたり、北陸各地を精力的に歩きまわりつづけた。その精力的な直接接触によって、勧農権を握っている人々までもが、いっせいに帰依したのである。吉崎群参とは、まさにその象徴的風景であった。現在の真宗優勢地域と劣勢地域の相違は、その起源を求めると、戦国期の勧農権をもっている人々が、どの宗派を選択したかに大きな素因があるものと推測される。なお、大勢として「老・長・坊主」の帰依が決定的になった時期は、文明五年ころと推測される。なぜなら、そのころの『御文』に、掟・制禁が頻出し出すからである。掟とは、如来・聖人にたいする一種の誓約である。村の指導者は、正月に領主のところで勧農にかかわる誓約（「吉書《きっしょ》」）を交わす習慣があったといわれているが、その習慣を熟知する人々が帰依してはじめて、掟は誓約であり、遵守すべき実効性が期待できるようになるからにほかならない。

権力との関係

本願寺は、王法・世法に非関与なため、独自の勧農イデオロギーを構築しえず、為政者のためのありうべき権力者像や、自前の政権論・国家論を構想することはなかった。現実の政治世界にたいして、理想とすべき広義の「徳政」とか「仁政」もほとんど期待・要求せず、世俗のことは、「世間通途《つうづ》之儀」にゆだねる立場を堅持している。世俗の権力者の支配するところは、門末への「非理」がないかぎり、その権力者の支配を容認し、一揆支配下のところは、一揆を構成する主体の意向にそった支配を容認している。かりに権力の側から寺領と領民を与えられたとしても、広大な荘園を何世紀にもわたって経営しつづけてきた顕密諸寺院とちがって、荘園・荘民を統治する論理はいっさいもっておらず、また鎮護国家・五穀豊穣の公的祭祀にかかわる命題も、教説上の理由から掲げられず、その種の宗教的な「国役」を担うことも不可能であった。為政者になりたくとも、なれない原理下にあったといってもよい。「私宗」から脱し、公的に勅許をえるには、本願寺は一番遠く困難な位置にいたのである。

しかし、戦国期教団の実勢はきわめて大きくなっていき、諸権力も無視しつづけることは不可能となっていった。その結果、天文六年（一五三七）の勅願寺勅許、永禄二年（一五五九）の門跡勅許という、寺院としての本願寺あるいは宗主個人への公的認可が先行し、やがて、文禄四年（一五九五）完成の大仏殿への出仕というかたちで、「八宗」の一番最後ながら、宗派自体の公的認可が下されるにいたったのである。

戦国新仏教

ところで、戦国期に教線を伸長させたのは、一向宗ばかりではなかった。平安期の源信による「山の念仏」の再興をかかげる真盛《しんぜい》は、蓮如と同時期に登場し、越前・伊勢を中心に一向宗と厳しく競合して、教線を確立している。真盛は、眼前に展開されている戦国の争乱をなくす非戦の途を実現せんがため、権力者にたいして、現実世界での煩悩の抑制（少欲知足）を求め、戒律と念仏の一致を主張した。その鋭い諫《かん》言《げん》は、大乗菩薩道の実践そのものであった。とくに、後述の長享一揆の二ヵ月後に越前で布教をおこない、越前朝倉一族はほぼ全員、真盛から戒を受ける。真盛派の様相は、とくに三門徒派のそれと近似しており、越前の本願寺系諸寺院の目には、在地の念仏者を吸収・組織化するうえで、新たなる競合勢力の登場と映ったことだろう。もっとも朝倉氏は、まもなく美濃斎藤勢と戦い、真盛に叱責されて反省、つぎに加賀一揆と戦い、また反省し、若狭武田勢と戦う日々であった。

大徳寺から分立した臨済禅の妙心寺派も、東海・東国一帯に急速に教線をのばす。有名な「心頭滅却すれば、火も自ずから涼し」といって、織田信長軍の猛攻下、自害し果てた甲斐恵林寺の快川国師や、旧来の政治的・社会的慣習を打ち破り、今後は自らの発言が「法度」であると宣言した『今川仮名目録』追加二〇条の理念を教える禅僧、幼少の信長の家庭教師を勤めた平手政秀の菩提寺、これらはともに妙心寺派に属している。同派の禅僧は、覇権をめぐって死闘を繰り返す戦国期の権力者に、たえず死と直面するその恐怖感を乗り越えるべき精神力を、強烈にたたき込んでいった。東国・東海諸大名の覇権戦を、妙心寺史の視点でとらえなおすと、妙心寺系の有力護持者どうしのサバイバル戦であり、戦いのたびに、護持者が一族ごとつぎつぎと消滅していく、本山妙心寺にとってはまったく悲劇的なものであった。曹洞《そうとう》禅のほうでも、師弟の間で、数多くの切紙による種々のシミュレーションを秘密裏におこなっていた、といわれている。たとえば、「国王受戒作法」の切紙では、天皇家がかりに禅宗に帰依した場合を想定し、どのように迎え、いかに即応すべきか、その種の仮想・想定問答をおこなっている。そのほかにも、葬祭・納骨機能を担う高野聖《こうやひじり》、薬師機能を担う修験道系の集団なども、いっせいに競合しつつ登場しだす。

このようにみていくと、戦国期は、一向宗を含めた戦国新仏教が、それぞれいっせいに登場し、独自の主張や社会的役割を担って展開しだす時期という感を強く受ける。それは、鎌倉新仏教系諸集団の成長期・成熟期というのではなく、逆に、遊行《ゆぎょう》廻国によって特定の権力の拘束から脱している時衆集団や、宋という東アジアの中心聖域からの治外法権的権威を背景とした臨済五山集団や、国家・郷土の生存と繁栄にもっぱら主眼点をおいてきた顕密諸宗派などの、いわゆる鎌倉新仏教・旧仏教の全面的な衰退期・解体期という感すらうける。戦国期は、もはや聖と俗との棲み分けが許されない時代にはいってきて、個々人の救済論を提示しえない宗教集団は、社会的な存在が困難となるような、そんな時代を迎えたということなのだろう。

なお、中世の土一揆や近世の百姓一揆を通観すると、最初はもよりの堂社に結集し、最後も堂社で解散していることがしられている。これは、神道はなにか得体のしれない国家的なイデオロギーを吹聴する不気味な教え、といった現代的ニュアンスとは、かなりちがっている。おそらく体制的な神学でない、いわば「民衆神学」もかねそなえていたからなのだろう。そのなかで唯一、一世紀の間だけ、本願寺系の諸寺院・道場が、堂社にかわって、戦国期を生き抜く無数の人々の心のよりどころとなったことを忘れてはならない。

文明一揆

北陸の政情

蓮如が吉崎に居を定めた当時の北陸は、応仁・文明の乱が波及して、東西両軍に分かれた激戦の真っ最中であった。越前では、西軍の甲斐勢と東軍側についた朝倉勢が死闘を演じ、劣勢の甲斐勢は、しばしば加賀へ逃げ込んでいた。加賀では、西軍にくみした守護の富樫幸千代《とがしこうちよ》勢と東軍の富樫政親勢が、これまた一国の覇権を掌握すべく激戦中であった。政親は、寛正三年（一四六二）に元北半国守護であった父成《しげ》春《はる》の死去で家督を、寛正五年に大叔父泰高の隠居で南半国守護職を継承していたが、弟の幸千代勢にくらべて劣勢で、しばしば越前へ落ちのびていた。国境間近の吉崎は、文明三年から五年にかけて、越前・加賀の東西両軍の兵馬が再三行き交う、危険に満ちたところだったのである。そのため、吉崎では防衛上、堀・塀・溝の構築があいついでなされている。

しかし、一連の『御文』のなかには、まったくといってよいほど北陸の政情への言及はない。しかも驚くべきことに、このような激戦の合間を縫って、多くの人々が吉崎へ群参しつづけている。当時を今流の言葉で表現すると、戦後の「五十五年体制」が崩壊し、新たな支配の枠組が形成されようとする時期にあたり、全国民がきわめて強い関心をもってよい時期である。人々はどちらかに与同して、新たな「国づくり」に邁進してもよいはずなのに、現地の大多数の人々はほとんどソッポを向いて、吉崎へと出向いている。人々は、政治勢力の一部にくみし、覇権戦に加わる途ではなく、蓮如のもとに参じて戦国の世を歩んで行こうとする途を選択しつつあった、ということなのだろう。蓮如の滞在を支持していたのは、朝倉氏・甲斐氏・大乗院経覚でなく、じつにこれら在地の人々であった。

甲斐勢は、文明六年（一四七四）閏五月の戦いで大打撃を被った。その結果、北陸の政治勢力はほぼ東軍方一色となり、西軍方の富樫幸千代勢の孤立が明確となってきた。いっぽう、古くから加賀で勢力を張っていた高田派勢は、本願寺勢の伸張に危機感を強め、守護幸千代方を誘って「吉崎山上へ障礙《しょうげ》」をなしたり、幸千代方へ「数多之一献」＝饗応を繰り返しながら、国内の本願寺系門末にたいする殺害・放火などの「悪行」をつづけていた。

文明六年一揆

このような状況下、政親方は、吉崎の多屋衆をはじめとする本願寺勢にたいして、味方してくれたならば、国内の門徒をけっして疎略にしないと提案。蓮如の黙認のもと、多屋衆や加賀の門末は、国人層・百姓層・寺社勢力の一部をも糾合し、幸千代勢・高田勢などの「法敵」にたいする「ムホン」の土一揆をおこした。これが北陸最初の一向一揆、文明六年一揆である。六年一揆は、本願寺系の門末を主力とし、当初から攻戦的な面を有するはじめての一向一揆であった。一揆勢は二〇〇〇人ほど討たれたといわれるが、最終的には、幸千代の拠城の蓮台寺城は陥落、高田勢も壊滅し、政親が一国の支配権を掌握するところとなる。

六年一揆時に、はじめて「法敵」という表現が登場する。イデオロギー的専修性を主張する宗派は、自己完結的な孤立した存在で、それだけ容易に弾圧にさらされやすい。弾圧を回避するためには、「年貢・公事《くじ》を全くし、守護・地頭に疎略なく、諸神・諸仏を軽しめない」という「理」を尽くす必要があった。「理」を尽くす者をまもるのが守護・地頭の職務であるのに、なお弾圧されれば、そのときは相手側の「非」に対して、立ち上がる

「道理」をえることが可能となる。世間の一般の人々も、公事の遵守者を不当に弾圧する者を、中世的仏神の護持者としての資格を欠いた者とみなし、一揆への非難を控えるようになるだろう。しかし、道理の戦いとか、自力防衛・自力救済の戦いという世俗的レベルの主張は、やはり蓮如の教説とは本質的になじまず、なんらかの宗教的な意味づけがどうしても必要となってくる。ここに、「法敵」という表現が登場してくる必然性があった。以後の一向一揆では、まず最初に「法敵」と認定され、つぎに、「法敵」打倒に向けて、門末への催促がおこなわれることとなる。

この一揆が勝利した理由は、おそらく在地における指導者層、たとえば「番頭」とか、「老・長・坊主」と称される人々が、一向衆として一揆に加わり、彼らの掌握しているいわゆる「村の武力」が、一向一揆の武力として登場したためと推測される。そのような事態になった場合は、たとえ守護といえども、その政治生命を保持しつづけることが困難となることを、権力者側も一揆側もはじめて知ることになった、画期的な一揆であった。権力者たちは、村の武力をいかに味方につけるか、組織化していくかという、今後の新たなる戦争パターンの登場をひしと感じとったことだろう。加賀額田惣庄は、惣庄の指導者がすべて一向衆となっているところである。惣庄側は文明一揆ののち、幸千代方として欠所化された跡職の分配を求める一揆与同者にたいして、「当国之一乱は、仏法の当敵を責め失せる廉直《れんちょく》之弓箭《ゆみや》（合戦）」、すなわち世俗の戦いでなく、あくまで「仏法の当敵」にたいする「聖戦」だったのだから、味方であっても跡職を渡し与えることはできないと、中世的な慣習に従うことを拒否している。世俗的慣習は絶対的な規範でなく、仏法と世法の分野は一線を画すべきという認識は、蓮如の「仏法観」の影響下に芽生えたものとみて、まず間違いなかろう。惣庄の人々は、荘民として王法権力にたいしてしかるべき徳政を求めて戦ったわけではなく、「仏法の正義」を前面に押し出して一向衆として行動した、ということでもある。そもそも、一面的な「門徒利用論」あるいは「本願寺利用論」によって一向一揆をとらえることは、あまり意味がない。あらゆる者が、それぞれ影響を与え、また影響をこうむりながら、その連続として歴史はかたちづくられていくものだからである。

七年一揆と蓮崇

さて翌文明七年（一四七五）になって、一揆方の一部急進派と政親方の一部主戦派（槻橋勢）との間で小規模な戦いがおこった。蓮如側近の下間《しもづま》安芸蓮崇《れんそう》が、急進派をあおったといわれるのは、このときである。休戦・和睦の仲介を願いに来た一揆衆にたいし、蓮崇は蓮如に取りつぐことなく、逆に「上人は戦いを求めている」と告げ、一揆の継続を強くうながしたからである。七年一揆の具体像を告げる「筑紫方の御文」は、これまで真偽未定分（偽作）とみなされていたが、近年、『柳本』『浄得寺本』（福井市木田）というそれぞれ異なる『御文集』にも収録されていることがわかり、史料的な信憑性が高くなってきた。この『御文』によると、七年一揆の主勢力は、「和讃正信偈ハカリカ肝要・念数モツヒトナシ・一遍ノ念仏モマフサス・師匠ノ報謝ノ志ハカリナリ」という特徴をもつ三門徒系一向衆であり、一揆敗北後、三年余りで還住し、吉崎側は彼らと政親方との仲人的立場にあった、等々の点が明らかとなる。文明七年一揆の主体は、別の史料では「国中の門人」とか「百姓衆」「御門徒衆・坊主衆」と記されているが、一揆敗北後も吉崎が存続し、加賀・越前国内の本願寺系の勢力がいっそう拡大しつづけた理由は、七年一揆の主体を、蓮如膝下の本願寺系の人々でないと理解すれば、納得できよう。

蓮如の吉崎在住期の側近である蓮崇は、麻生津《あそうづ》（福井市浅水）の出といわれ、当初、越前の古刹本覚寺に近づき「一流を聴聞」、吉崎の茶所で昼夜隙なく学問手習いし、四〇歳ごろに「いろは」字を習い、それが蓮如の目にとまった。その後は急速に地位を向上させ、将軍から法眼に任ぜられ、朝倉氏とも「知音」の間柄とまでいわれるようになった。アメリカンドリームの吉崎版の人物である。

蓮崇は、『御文』の集録に最初に取りくんだ人物でもある。この「蓮崇本」と称される『御文集』は一八通からなり、蓮崇が書写した蓮如の机にあった文明三年七月から文明五年九月にかけての控え一五通と、それに蓮如が自ら書き添えた前後の三通で構成されている。蓮如の流暢な字体と対象的な、几帳面で癖のない素直な片仮名、漢字に付されたルビ、数文字ごとの間隔。たしかに蓮崇はこれを何度も、自らの声で読んだことだろう。蓮如晩年の弟子である赤尾の道宗は、字体すら蓮如と同じでなければならないという、そんな意思の人物であった。蓮崇は、明らかに自分の字体＝自分の意思をもった人物であった。

現在のわれわれは、『御文』のすべてをみてとれる。しかし、かりに蓮崇本にかぎって読んでみると、どうであろうか。それには、大坊主の信心不足や物とり信心への批判、厚信の在俗門徒の生き生きした姿が集中的に記されている。また諸仏・諸菩薩・諸神への批判もなされている。文明五年九月末からはじまる諸宗・諸神への誹謗禁止、同年十一月からはじまる禁制・掟類が、いまだ発せられない時期の、吉崎逗留初期の教団形成にかける蓮如の息吹のみが伝わってくるのである。これこそ蓮崇の心の「原像」であり、七年一揆を煽動した蓮崇の心情に直結するものであった。なおこの蓮崇本は、能登半島の突端の珠洲市に現存している。一説によると、蓮崇の子孫の瓶子屋《へいじや》の手によって同地へたどり着いたともいわれている。毎年四月二十五日の「へんじゃ参り」という蓮如忌の祭りが、今も盛大におこなわれている。

吉崎退去

蓮如は文明七年八月、突如として吉崎を退出した。同船を拒否された蓮崇は、船がみえなくなるまで浜辺で泣き叫んでいたという。その後一年ほどたって、かの取次のときの虚言が露顕、ついに破門の身となった。吉崎退出を「隠形《いんぎょう》」の作法から推測する場合、七年一揆と無関係であることを身をもって示す必要があったのか、あるいは七年一揆の最終的な責任をとったのか、明確な判断はくだせない。おそらく再度北陸へ戻るべきか、あるいは畿内のどこへ移るべきか、苦渋の日々もあったにちがいない。結局、同年末までには、河内茨田郡の出口（枚方市）に居を定め、二度と吉崎へ戻ることはなかった。

吉崎坊舎は、その後加賀本泉寺蓮悟（蓮如七男）と越前和田本覚寺の管理下にあったが、永正三年（一五〇六）北陸一揆の時、朝倉氏は領国内の一向衆を追放、吉崎坊舎も廃坊となった。近世初頭から、大谷派願慶寺と本願寺派興宗寺下大家道場（西念寺・現吉崎寺）が、坊舎跡を守りつづけたが、東西両本願寺は一六七〇年代に、山上の旧跡坊舎の再建をめぐって相論をおこし、十八世紀にいたり、吉崎山の中腹に東・西両別院を建てることとなった。東別院で執行される「吉崎御忌」は、毎年四月二十三日から五月二日にかけて、京都の東本願寺との間を蓮如画像が徒歩・人力で運ばれる大行事で、北国の一大風物詩となっている。

長享一揆

　福井市浄得寺の『御文集』に、「加賀能美郡四講《しこう》」あての御文写が集録されている。

能美郡四講

抑《そもそも》、能美郡ニおいて、同行中、仏法に就いて四講ト云う事ヲ始テ、当流之法義の是非・邪正ヲ讃嘆すべき興行在る之由聞こえ候。誠に以て仏法興隆之根元、往生浄土之支度、真実々々殊勝ニ覚え候。其に就いて、寺社本所ノ所領横領之義、堅く停止《ちょうじ》有るべく候。左様之儀候へハ、京都愚老（蓮如）カタメ迷惑候。能々心得らるべく候（以下略）。

これは、従来から知られていた伊勢法雲寺蔵の文明十八年（一四八六）の『御文』の異本である。前半の事書の部分の文言は少々ちがっており、後半の法語部分の文言はまったくちがっている。四講という組織は、四講という名の単一組織ではなく、すくなくとも、法雲寺真筆本および近似の写本グループと、浄得寺写本グループとの、二（あるいはそれ以上の）グループの集合体であったことを、史料的な観点から示すものといえよう。しかも、法雲寺本のグループは、真筆本を下付され、数種の写を作成して拝読しており、そのことはすでに戦国期の教団内でかなり知られた存在であり、逆に浄得寺本のグループは、消息が転写されるほどにはめだたない存在だったこと、しかし「愚老カタメ迷惑」と、蓮如の個人的心情を吐露しうるほどの関係を有する存在であったことをも告げている。

この史料の重要性は、『御文』のなかにはじめて「寺社本所ノ所領横領」の一文が登場する点にある。文明一揆後の加賀では、なおいっそう、一向衆がふえつづけたのだが、在地の番頭層がいくら結集したところで、せいぜい年貢の未進どまりであり、そのことと、所領の代官職を実力で獲得すること（＝横領）は、まったく別次元の問題である。推測するに、能美郡内の国人とか在地領主クラスの者たちは、この時期にようやく一向衆となり、四講という組織体を形成し、荘園代官職の獲得を目指しはじめたのだろう。彼らが、すでに一向衆徒となっている荘民の支持を期待していたのは、まず間違いない。かりにこのような状況下、一向一揆という事態になると、その力量は、文明一揆の段階よりさらにいちだんと強力なものになろう。

長享一揆

文明一揆後の富樫政親は、守護権の固定化をめざして、国内撫民の方向ではなく、将軍家への近侍策を取りつづけた。長享元年秋には、足利義尚《よしひさ》の近江六角氏征伐にも従軍した。しかし、このための軍費を加賀国内へ割り振ったことを直接の契機として、不満が増大、年末には急拠帰国して、不穏な情勢に備えたが、翌二年（一四八八）五月、ついに大規模な「土一揆」（長享一向一揆）が勃発した。翌六月、能登・越中の人々も含む総勢二〇万人と伝えられる一揆勢の猛攻下、守護政親は高尾城《たこう》（金沢市）で自害する。二〇万とは、一人ずつ数えることが不可能な数値であり、おそらく国内のすべての人々というニュアンスなのだろう。

一揆勢は、臨時課税（軍費）反対・徳政・寺社本所領還付・護法などの聖俗両面のさまざまなスローガンをかかげている。そのうち、「寺社本所領還付」は、この一揆時にはじめて登場するスローガンである。これは、大名権力側の手による荘園代官職の請負に反対し、荘園領主側の直務、あるいは大名権力側につらならない国人層に代官職の請負を求める訴えである。国人たちが自ら提起したものか、あるいは、一向衆だけで戦えない現実を直視し、非一向衆の国人たちに一揆へ参加することを求めて提起したものなのだろう。

一揆の主体は、いわゆる土民・百姓と称される人々のほかにも、反政親方守護勢・白山《はくさん》社勢・国人層とさまざまであった。彼らの利害はそれぞれちがうはずであり、あい反する夢を描いていた可能性もある。しかし、身分を超えた結集、半年以上の不穏な情勢、一ヵ月におよぶ包囲戦、加越国境の封鎖、国内すみずみからの参加などの事実をふまえると、それぞれの勢力のなかにしっかりと根をおろしていた一向衆が、諸勢力の間を縦横に結ぶ連結軸として、主要な役割を果たしたものと推測せざるをえない。もっとも、本願寺や加賀在住の一門三ヵ寺が、積極的に一揆に関与した徴証はみられない。しかし蓮如は、将軍義尚から「加賀一国の一揆御門徒を放さるべき」と厳しく叱責されており、翌年の「隠居」は、長享一揆の最終責任を明示したものと推測される。

一揆の後

戦いの結果、敗者側の欠所分が大量に発生し、勝者側はそれを手中に収めることが可能となる。一揆後の江沼郡横北荘では、一向衆の番頭十人が領家方年貢五〇〇〇疋を「横領」している。それは、代官であった槻橋氏（政親被官人）の欠所分だったからである。身分的には手のとどかなかった階層の者たちが、「一揆」に結集することで、跡職差配に一時的にでも介入することが可能となる現実を目のあたりにすると、今後は、欠所跡職の差配・分配を求めて、多くの非一向衆も一揆に参加しだすことだろう。やがて連鎖的に、一揆を求める声なき声が沸きおこり、本願寺に中央・地方権力の一方にくみするように求めだす。万一それが成功すると、国内の所領管理権ばかりか国内支配権まで、一括して掌握しうる可能性が生じてくる。この段階では、非一向衆もなだれをうって教団へ加わりだし、一挙に「一揆状況」が出現することとなる。

北陸各地の寺院の由緒書類には、文明・長享一揆の伝承を書きしるしているものが、わずかながら存在している。伝承の個々の真偽は別にして、伝承そのものを貫く大きな特徴をみると、そこには、武勇談・忠節談こそあれ、賊軍として非法・不法な行為をしてしまった、参戦を隠しとおすべき、といった意識は皆無である。その意識の根底には、一揆は正義の戦いであったという自意識が明らかに投影されている。一向一揆は、逆賊による不法な抵抗運動ではなく、戦国期の新体制創出運動の一選択肢だったからであろう。

富樫家は、長享一揆によって廃絶したわけではない。政親の大叔父であり、かつて南半国守護であった泰高は、一揆時、中立的な立場で御幸塚（小松市）に在城、政親なき後の家督を継承し、野々市（石川県石川郡）に住している。しかし、一揆後の一向衆の勢力伸長はめざましく、富樫氏は、国内のヘゲモニーを急速に失っていく。かわって、一向衆を中心とした諸勢力が、「組」と「郡」という両組織に拠って、末端から一国規模へと談合・寄合を積み上げながら意思一致をはかり、国内の一門寺院のもとへ結集し、実質的な運営権をじょじょに掌握していく。かくして戦国期の加賀は、地域に住む人々が政治史の直接の主体となって歩みはじめる、画期的な一世紀をすごすこととなる。本願寺は、王法非関与・世間通途《つうづ》の原則から、国内運営に介入しないものの、現地勢力には担いきれない中央権力などとの対外交渉権を掌中におさめ、あたかも加賀を代表するかのごとき政治的地位を得るにいたる。

願正と報謝行

長享一揆の時に活躍した人物に、菅生《すごう》の願正《がんしょう》がいる。彼は、天正期に成立したと推測されている『朝倉軍談』によると、「江沼の一揆……敷地・福田の諸勢都合五千余騎」を率いて、政親勢に加勢するため侵攻してきた越前朝倉勢を阻止した人物である。一揆の大将である願正は、同時に、篤信の門徒で、一門の山田光教寺の創設にも尽力している。この願正の二面性によって、自己分裂・齟齬・矛盾・二律背反といった人物像を描くのは、おそらく誤りなのだろう。堅田法住も金森道西なども、厚信者であると同時に、一揆の指導者として登場している。願正にとって、篤信の門徒として日々活動するのも報謝行、仏敵にたいして護法のために立ち上がるのも報謝行、日常・非日常を超えてすべてが報謝行と認識していたにちがいないからである。

一向衆のあらゆる行為は、阿弥陀如来と宗祖親鸞の「御恩」に報い感謝する報謝行《ほうしゃぎょう》であり、非日常的な法敵にたいする軍事行動も、同じ報謝行であった。たとえば、「聖人御座所」を警護する場合、平時には槍先を立てているが、非常時になるとそれを前に倒すだけのちがいである。戦国期の報謝行は、称名念仏だけに収斂されておらず、信心と行動が一体の夫役《ぶやく》勤仕のかたちをとっている。そのため、戦国期の人々は、際限なき報謝行＝際限なき宗教役・軍役を担わなければならなかったのである。近代に入り、報謝行は数量に換算しなおされ、賦課金としての一定の上限が設けられる。

この報謝行を、大名権力や顕密諸寺社の「御恩・奉公感」と比較すると、きわめて特徴的である。知行地などの反対給付物を媒介にした契約・交換関係と無縁で、神罰・仏罰などの強迫観や主君（宗主）の強制・暴力によって夫役が果たされるのでなく、あくまで如来と親鸞とその教義の名において実現している。のちの石山戦争のときに、「進まば極楽・退かば地獄」の戦闘旗が掲げられたと伝えられている。どちらにしても「死」を前提とする過激なスローガンであるが、退却は報謝行の放棄を意味するとの前提で読みとけば、その真意を理解できよう。人々は、強要された身体的服従でなく、「百姓王孫」意識などによる権威的服従でもなく、身・口《く》・意のすべてが如来に包摂される全人格的一体感とでもいうべき意識のもとで、報謝行を遂行していったものとおもわれる。一向宗の新たな奉公観は、強力にすすめられつつあった大名権力のもとへの被官化の途の前に、大きく立ちはだかるものであった。

蓮如の家とその一族

御坊と寺内

近松坊と出口坊

寛正の法難以後、蓮如とともに親鸞祖像も、湖南・湖西の各地を転々とした。しかし文明元年（一四六九）にいたり、三井寺《みいでら》寺域内の大津南別所近松《ちかまつ》に坊舎（のちの顕証寺）が建てられ、親鸞祖像は堅田門徒の道覚道場から近松坊へと移され、順如がそこの住持となり護持にあたった。現在、順如の下付した絵像本尊が十幅ほど現存している。本尊下付権は、宗主あるいは本願寺住持の固有の権限である。順如下付の本尊類には、山科期のものもあり、蓮如の吉崎滞在期に限った一時的な委託とみることはできない。各種の『言行録』に、近松坊は「一度ハ本願寺ト被号シ所也」「大津も本寺と等き事たるべき由」とか、順如は「本願寺住持十年ばかり御持候歟」と記されている。順如は、応仁二年（一四六八）の譲状時に、一一歳の実如に代わって、本願寺住持職・留守職を継承したのだろう。祖像を護持する責任者こそ、本願寺を代表する者だからである。

東山大谷以来の、毎月の宗祖命日と前住存如命日の両法会（「毎月両度の御講」）は、蓮如の吉崎滞在中から山科本願寺完成までのあいだ、祖像の安置されているこの近松坊で勤修されつづけていた。近江中郡（坂田・犬上・愛智・神崎・蒲生の五郡）の番方講は、この近松坊の祖像護持を縁として結成された、との伝承がある。

吉崎を退出した蓮如は、文明七年末に、河内国茨田郡中振郷出口村中之番（枚方市）にたどり着いた。そこは、東山大谷時代の側近である本遇寺賢秀の所在地であった。隠居（隠形）の身であったため、近松坊へ戻るというわけにはいかなかったのだろう。出口坊（のちの光善寺）の建立にさいしては、九軒在家に住む石見入道光善（幸善・空念）の尽力があったと伝えられている。順如は、文明十五年（一四八三）、四二歳で没するが、出口坊は順如の子女が、近松坊は蓮如六男の蓮淳が引き継ぐ。

蓮如は、出口坊につづいて、翌文明八年ごろに、摂津島上郡の富田坊（高槻市、のちの教行寺）にも住まいだす。文明十二年に親鸞の「安城御影」が修復され、そのさいに模写本が二幅作成された。一幅は山科本願寺に、もう一幅は富田坊に分けられている。当時蓮如が富田坊に滞在していたからであろう。蓮如没後の同坊は、八男の蓮芸が引き継ぐ。

なお蓮如の隠居号は、信証院という。通説では、文明八年ごろに建立されたという堺の坊舎をして、信証院と称する、と理解されている。しかし、堺坊に限らず、数々の隠居所のすべてをそう呼んでいた可能性も見うけられる。事実、「富田ノ信証院殿」「山科／信証院／蓮如」と記す史料も存在している。蓮如がいつから信証院と自称しだしたのか、判然としていない。だが、前述の私見を前提に、応仁二年からと推測してみたい。

山科本願寺

出口坊・富田坊などで月日をすごしていた蓮如は、文明十年（一四七八）に、醍醐寺三宝院領である宇治郡小野庄山科西庄の地を選定、翌年から同庄の野村西中路の地に、坊舎を建立しはじめた。一説には、前年の金森の道西の進言と、当地の有力地侍衆の一員である海老名浄乗（西宗寺の祖）の土地寄進によって実現したといわれる。当地の地侍衆は、山科七郷の「村の武力」を基盤にして徳政一揆に参加したり、反対に、幕府軍の末端として活躍したり、また、禁裏の警護番も担っていた。

文明十二年正月、地侍衆の進藤民部という者が、「はやし物」の見物のさいに、本願寺側の者から「足」を踏まれたため、腹を切らせると憤ったおり、この浄乗は逆に、進藤方へ責め寄せている。近隣の勧修寺村の地侍である道徳入道は、このころから本願寺に出入りしだし、蓮如に昵近するが、彼は七郷のなかの大宅郷政所職にある人物を誘って、荘園内の下級諸職の横領を企て、幕府へ訴えられている。浄乗や道徳そして赤野井慶乗など、当時の史料に登場する人物のなかには、静的な宗教者というイメージとはほど遠い、聖俗両面でかなり荒々しく動的に活躍している者がすくなくない。ともあれ、山科七郷は、京都近郊荘園であるにもかかわらず、現地の住民の自治的な管理・運営に委ねられており、荘園領主権力が、直接的に関与しえない著名な荘園でもあった。

建立は、まず「向所《こつしょ》（綱所）・寝殿」と称する内外の対面施設の建設からはじまり、文明十二年には御影堂を造営。近松坊に安置してあった親鸞祖像を移し迎え、毎月両度（宗祖忌・前住忌）の法要行事も山科で勤められることとなった。翌年からは阿弥陀堂の造営へと移り、文明十五年の完成まで、あしかけ六ヵ年をついやす一大造作となった。御影堂（北側）と本堂（南側）との両堂併置を本願寺のあかしとすると、寛正六年以来ひさかたぶりの新生本願寺の誕生である。以後この坊舎は、天文元年の細川晴元・六角定頼軍と日蓮宗徒とによる焼打ちまでの五十年間、本願寺として君臨する。なお、順如が没したのは、山科本願寺が完成した年である。そのため蓮如は、ふたたび住持職・留守職に復帰することとなったものと推測されるが、ある記録によると、「山科殿御建立候て以後、七、八年の時分（延徳元年）までは、御流中絶のやうに候き」と、厳しい評価がなされている。

個々の建造物の規模は、われわれが現在の本山《ほんざん》から受けるイメージとはちがって、寝殿は四間、阿弥陀堂は三間四面、御影堂は七間四面と、かなり小さい。御影堂の内陣・余間・下陣はほとんど同じ高さ（平座）で、須弥壇《しゅみだん》の後部に後門《ごうもん》のない、押板（床の間）形式の内陣であった。これらの建築構造上の特徴から、山科の御影堂の本来的なモデルは、在家の住宅にあり、それが巨大化したもの、と見なすことができる。

山科本願寺の地理的景観は、御影堂・本堂のある境内と、一門や坊官や多屋衆などの住む内寺内、八町からなる外寺内の三区画からなっている。吉崎と同形で、地積を拡大したものである。寺内を囲む若干の土塁跡・空濠跡も、いまだ現存している。また、外寺内の東の飛地に、蓮如の隠居所である「南殿」が設けられたが、山科七郷の地侍（「長《おとな》」）たる粟津氏を祖とする音羽光照寺が、その名跡を継ぐと伝えている。

祖像史

ところで親鸞祖像は、留守職の根拠ともなるべき最重要物である。本願寺では、祖像を現に生きつづけ、働きつづけている「生身御影《しょうしんごえい》」と認識し、毎年「御珠数緒御入かへ」とか、面貌を絵具で補修する「御《み》ぐしつづり」の儀式をおこない、元旦には、時の宗主が、祖像に酒肴を献上している。祖像に参ずることは、どこに御坊があろうとも、「上洛」することであり、「京都聖人」へ「みやづかへ」することであった。

それほど重要な祖像であるが、重要であるからこそ、いっそう、甚大な被害も受けつづけている。まず延慶二年（一三〇九）に、親鸞の孫の唯善が、祖像の「御くし」を持ち去る事件がおこっている。天文元年（一五三二）の山科本願寺焼亡時には、土中に埋め隠されたり、醍醐寺報恩院の源雅の庇護のもとで二〇日ばかり密かにかくまわれたりして、やっとのことで摂津大坂御坊へ運びこまれている。天正八年（一五八〇）の大坂本願寺開城のおりには、首から上だけが紀州鷺森へもっていかれ、「筒躰はくづし破り焼」かれたともいわれる。受難の祖像史こそ、本願寺の歩んだ歴史を象徴するものであった。

戦国の祖像史を語るさいに、蓮如の十女の祐心尼とその子孫の存在を忘れてはならない。彼女は、公家の中山宣親のもとに嫁ぎ、庭田家へ養子に入る重親や、修験道の本山である醍醐寺報恩院の源雅を生んだ。庭田重親の子には、証如に嫁した如祐尼と、石山戦争時に講和の勅使として尽力した重保がいる。祖像消失の深刻な危機にさいして、中山祐心の子や孫が、文字通り「外護」に尽力しているのである。このような無数の尽力の積み重ねによって、現代の私たちは、御影堂で、風雪に耐えた真っ黒な祖像を目にすることが可能となっているのである。

大坂御坊

蓮如は、明応五年（一四九六）に、「摂津東成《ひがしなり》郡生玉《いくたま》之庄内大坂」の地に、隠居所の御坊を建立しはじめた。没する三年前の、八二歳のときである。

その地は、吉崎と同様に「虎狼ノスミカ」と称されており、その文言から、未開発の山野、領主的な権限のあまりおよばないところ、といったニュアンスが感じられる。たまたまそれ以前の史料が現存せず、歴史を遡れないのではなく、がんらい固有の地名をもたないところだったのだろう。小坂（「永正記」）・尾坂（「二水記」）という当て字や、「おさか」「オオザカ」の読み方からもうなずけるように、この地は上町台地の北端に位置する「坂地」であった。

大坂御坊には、創建後いくばくかして寺内町ができ、やがて六町となり、枝町もつぎつぎと誕生していった。永正十年（一五一三）のある絵像本尊の裏書写に、「西成郡生玉庄大坂」とあることから、「大坂」がすでに、西成郡域にまで拡大していることがわかる。もっとも戦国期には、西成郡・東成郡の呼称はほとんど使われず、両郡は一括して、欠《かけの》郡《こおり》といわれていた。裏書のなかに、室町期的な郡名が使われつづけた理由は判然としないが、あるいは大名権力サイドの地政学的な新呼称に従うことを、是としない意識の反映とも推測される。天文元年（一五三二）以降、十代証如は、この御坊に居を移し、天正八年（一五八〇）の石山合戦終結時まで、この大坂御坊が本願寺となる。

豊臣秀吉の時代にはいり、「大坂」域は一挙に拡大する。秀吉は本願寺跡に大坂城を築き、計画的な都市作りに着手、天王寺・住吉などの古くからの町場をあわせた、広域都市「大坂」を誕生させた。近代にはいると、摂津・河内・和泉をあわせた大阪府の呼称へと成長する。これは、京都を例にとると、東山という地字名が、東山市・東山府へと成長したに等しい。秀吉や徳川家康は、現大阪市の包括呼称として、既存の別の町場名でも、新規の名称でも自由に選択できたはずである。しかし、畏敬と支配の象徴である城は、圧倒的多数の人々の心に深く刻みこまれた「心の都」と同じ場所に存在してこそ、機能を発揮しうる。そうでなければ、城以外の地が聖地・霊地となる危険性が生ずる。ゆえに、城はなによりも本願寺跡であるべきで、城の呼称も大坂の名を冠する以外には考えられない、といった認識だったのだろう。とすると、「大坂」をまもり、はぐくみ、羽ばたかせたのは、当地の無数の人々による無言の力だった、ということになる。

最近の研究では、遅くとも近世前期ごろから、大坂本願寺（御坊）をさして石山本願寺

（御坊）と表現されだし、戦国期史料群にまったく登場しない石山本願寺という新呼称は、天正十三年から十九年までの中島御坊（天満本願寺）と区別する必要性と、大坂が広域地名化した状況をふまえて、新たに創作された呼称であることがわかってきた。

全国各地の一〇〇を優に超える寺院由緒書・書上類に、石山参戦・石山籠城伝が記されている。大坂参戦・大坂籠城と記されている例は、皆無に近い。しかし「石山」と記されているゆえをもって、すべて偽りの伝承として否定し去るには、あまりにも伝承量が多すぎる。ある言行録の「御堂ノ礎ノ石モ、カネテ土中ニアツメヲキタルカ如シ」という記述に信を置くと、当地はかなり石の多い地質であった。元亀元年（一五七〇）から一一年間、顕如の檄に応じて馳せ参じ、信長軍と死闘を交えた多くの人々。それらの人々から「原風景」の記憶を受け継いだ、由緒書の筆者たちにとって、石山という俗的な新呼称は、さほどの違和感なく受容しえたのではなかろうか。

寺内・寺内町　戦国期の畿内・近国には、これまで列記してきた御坊や宗主一族の住する一門寺院が、つぎつぎと建てられていった。各御坊や一門寺院は、本願寺という「家」の分寺・別宅と位置づけられ、堀や土塀で囲まれた数町歩におよぶ「寺内」と称する境内を有した。本願寺は、それら境内をともに「家内」と位置づけて、諸権力の介入を極力排していった。この「家内」の論理（「山科並体制・石山並体制」）は、門末にも強く支持され、やがて非血縁寺院や道場へも拡大適用されていき、各地に寺内が続々と誕生することとなる。それら寺内は、民衆の立入りを禁じた諸宗派の名刹寺院の境内地とは異なり、広く一般の人々に開放され、自由な商工業が育っていくこととなる。この結果、寺内町《ちょう》が誕生するのである。

この寺内化運動は、非常時の一揆行動の対極をなす、平時の代表的な運動であった。戦国期教団は、この一揆行動と寺内化運動をバネとして、急速に巨大化していったのである。諸権力は、本願寺による「家」の拡大論理にどう対処すべきか、困惑し、苦慮したにちがいない。寺内化運動を認めるか否か、それはあくまでも力関係次第である。

蓮如の妻と子供たち

各御坊は、蓮如没後、妻や子供たちにそれぞれ受け継がれ、多くは一門寺院となる。大坂御坊は、自らの死が間近いことを感じとった蓮如が、最後の妻の蓮能尼と実賢（のちに堅田称徳寺の住持）・実従（のちに枚方順興寺の住持）らの子供たちのために、急ぎ用意した坊舎であった。

如勝・宗如・蓮能

蓮能尼は畠山政栄（妻は、徳大寺公有の女）の娘で、弟に、享禄四年に没する大隅守家俊がいる。彼は能登の守護畠山義統の猶子《ゆうし》となっており、実家の政栄家は、能登在住の奉公衆の家と推測される。彼女は、五男二女を生み、蓮如の死去を見届け、永正十五年（一五一八）五四歳の生涯を終える。

蓮如の三番目の妻の如勝尼も、忘れられない人物である。彼女は、山科の造営がはじまる文明十年に没した。蓮如は、没後一ヵ月目の初命日に、彼女とともに歩んだ六年ほどの吉崎・出口の日々を一人静かにふり返り、自らの想いを反故紙一〇枚でつなぎあわせた『御文』のなかにしたためている。おそらく、草稿とか案ではなく、当初から公開を前提としない手控えのつもりだったのだろう。彼女は、「上臈、山名一類」とあるところから、応仁・文明の乱で没落した西国の守護大名山名氏の庶家の出で、若くして将軍義政のもとに仕えたものと推測される。しかし、敗者の一族であり、長く病弱なこともあって、「花の御所」を去る。そして、母親一人を伴い、忽然と吉崎に姿をあらわす。まもなく彼女は、蓮如に「随逐」、仏法の聴聞を重ねるうちに、しだいに「心がけ」ができ、疑問点は尋ね、ついにしっかりと信心をいただく身となっていった。平生は「柔和忍辱」で、誰にたいしても分け隔てがなかった。最後は、他事を交えず念仏を唱えつづけながら、臨終を迎えた。三一歳であった。

母親がいつ果てたか、何という名なのか、その記録はない。病弱の如勝尼は、一女・妙勝尼を生んでいる。妙勝尼は、錦織寺の勝恵と結婚して山城紀伊郡の三栖《みす》坊（現・京都市伏見区光現寺）に住むが、母よりも若い二四歳で没する。妙勝尼は二人の女子を生んでいる。次女は加賀清沢願得寺実悟（蓮如一〇男）の妻となり、同じく二四歳で没する。長女

略系図(2)

- 蓮如
  - 順如→(光善寺)
  - 蓮乗→(瑞泉寺・本泉寺)
  - 見玉尼(見秀尼弟子)
  - 蓮綱→(松岡寺)
  - 蓮誓→(光教寺、以上如了尼の子)
  - 実如
    - 円如—証如—顕如
      - 教如→(東本願寺)
      - 顕尊→(興正寺)
      - 准如→(西本願寺)
    - 実円→(本宗寺)
  - 如空尼(興行寺蓮助妻)
  - 蓮淳
    - 実淳→(顕証寺)
    - 鎮永(円如妻)
    - 実恵→(願証寺)
  - 了如尼(瑞泉寺蓮欽妻)
  - 蓮悟→(本泉寺)
  - 祐心尼
    - 中山康親
    - 庭田重親
      - 重保
      - 如従尼(証如妻)
    - 報恩院源雅
  - 妙勝尼(勝恵妻、如勝尼の子)
  - 蓮周尼(超勝寺蓮超妻)
  - 蓮芸(教行寺、以上宗如尼の子)
  - 妙祐尼(勝恵妻、以下蓮能尼の子)
  - 実賢→(称徳寺、のち慈敬寺)
  - 実悟→(願得寺)
  - 実順→(西証寺、のち顕証寺)
  - 実孝→(本善寺)
  - 実従→(順興寺)

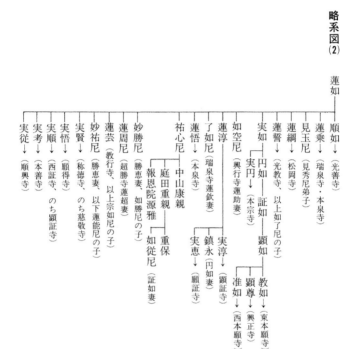

は伊勢長島願証寺実恵（蓮如六男蓮淳の子）に嫁ぎ、妹や母・祖母とちがって八一歳まで生きる。しかし、信長軍の猛攻下、長島の一揆勢とともに「入海」し果てる悲惨な最後であった。政治史のきびしい大波に翻弄されつづけた、女系四代にわたる戦国乱世の一筋の軌跡である。

なお、四番目の妻は、姉小路昌家の娘の宗如尼で、富田教行寺蓮芸ら一男一女を生み、文明十八年（一四八六）没している。彼女の兄弟に、歌人として名高い基綱がいるが、姉小路家は飛驒国司の家でもあり、武家的色彩をあわせもっている。このように見てくると、蓮如の妻の実家は、どこもかなり武家的な色合いが濃いことがわかる。

本泉寺蓮悟

蓮如の子供は、一三男・一四女と多数におよぶが、若年で没した子供たち以外は、妙勝尼などのほかにも、ある程度の実像がつかめる。たとえば、次男の蓮乗は、幼少期に南禅寺へ喝食《かつじき》に出され、寛正元年に、如乗・勝如尼の養子となり、加賀河北郡二俣本泉寺に住し、やがて一女如秀尼と結婚することとなった。彼は、二五年間病弱で、けっして廊下の真ん中を歩くことのない人物だったと伝えられている。真ん中は、阿弥陀如来の歩くところだというのが理由である。蓮乗夫婦は、やがて蓮如七男の蓮悟をもらい受け、一女如了尼と結婚させる。蓮悟は、長享年間に本泉寺を若松（現・金沢市）の地へ移し、そこを拠点として活躍しだす。若松は、浅野川右（東）岸に沿う河岸段丘の緩斜面にある。

当時の加賀には、このほかに、三男蓮綱の波佐谷松岡寺（小松市）・四男蓮誓の山田光教寺（加賀市）の一門寺院が存在している。少し遅れて、一〇男実悟の清沢願得寺（石川郡鶴来町）も建立され、いわゆる「加賀四ヵ寺」が成立する。四ヵ寺は、血縁的にみると対等だが、にもかかわらず、とくに二人の兄を差し置くかたちで、本泉寺蓮悟が指導的地位をしめるにいたった。北陸の地では、永正三年一揆、ついで大永一揆が勃発する。とくに大永一揆時は、蓮悟が五四歳で、戦線も越中方面であり、彼が、地理的・年齢的な条件から、加賀のみならず越中・能登の北陸の僧俗諸勢力を統括する立場にたつこととなった。その後、一〇代証如の時代にはいり、時の宗主の親族団と、加賀三ヵ寺勢との対立が激化し、享禄四年（一五三一）、加賀四ヵ寺は、いっせいに退転、蓮悟は破門され、天文十二年（一五四三）失意のなか、和泉の堺で没する。本泉寺の寺跡は、文禄期に実悟の手によって、河内茨田郡世木の地（守口市）に再興され、現在は四条畷市に存在する。

さて、蓮悟没後三年目の天文十五年、若松の地のすぐ北の小立野台地の突端に、御坊が建立された。その地は、三つの庄・郷の接点上に位置し、固有の地字名をもっていなかったため、新たに金沢という嘉称が冠されたといわれる。四ヵ寺なき後の御坊は、加賀一国のみならず、能登と、そして上杉長尾領の新川郡《にいかわ》を除く越中の、この北陸三ヵ国の一向衆僧俗を一手に統括する役割を担うものであった。金沢の地は、加賀一国の行政単位から見ると、東に偏っている。しかし、北陸の一向衆僧俗の人的エリア（「北陸惣国」）からすると、ほぼ中心に位置していることがわかる。行政上の中心地は各国・各藩、各県ごとに存在する。北陸門徒の戦国期の地理的な中心地は金沢御坊一ヵ所であり、北陸＝加賀＝金沢という意識構造であった。

金沢御坊は、天正八年信長軍の侵攻によって陥落する。やがて前田利家は、御坊跡に自らの城を築き、そこを政治の中心地とする。大坂の本願寺跡に大坂城が築かれたのと同じ論理である。前田百万石の存在は、はたして偶然なのだろうか。そうではないだろう。能登・越中の一向衆にとって、三ヵ国の国境線はもともと存在しなかった。この国境を越えた一体感が消滅しないうちは、百万石を分割するわけにはいかなかったのである。

願得寺実悟

実悟は、物心のつかないうちに、加賀若松の蓮悟のもとへ養子に出された。

蓮悟は、永正五年（一五〇八）ごろ「石川郡河内庄剣村之内上之院清沢」の地に、支坊を建てた。永正十年そこへ実悟が移り住み、まもなく願得寺と称するにいたる。同寺も享禄の錯乱で退転、実悟は能登・三河をへて、畿内の兄弟の坊舎の周辺で蟄居。赦免後は、証如・顕如両宗主に仕え、天正十一年（一五八三）古橋坊（現・門真市願得寺）で九二歳の生涯を終える。蓮如の多数の子供のなかで、最年長の生涯であった。

実悟は、蓮如教団を代表する教学者であり、最初の史学者でもあった。蓮如の死を知ったのは、実悟が八歳のときなので、おそらく父の実際の印象は、記憶に残っていなかったはずである。そのためもあってか、彼は精力的に、蓮如側近の空善や兄の蓮淳・蓮悟などから、父親のさまざまな実話・逸話を聞きつづけた。その種の言行録が、数次にわたって編纂しなおされ、集大成版の『蓮如上人御一代記聞書』の成立となる。『聞書』は開版され、蓮如の実像・虚像は、今にいきいきと伝えられつづけることとなった。

現在でも、説教・法話の場で、しばしば引用される蓮如のエピソードがある。たとえば、蓮如は、同じ話を何度聞いても、そのつど、はじめて聞いたように感動して聞くようにと、「聴聞」姿勢の原則を語ったという。『聞書』は、その種の話の「種本」として、今も利用されつづけている。同じ資史料を何度も読み返し、そのなかから新たな着眼点をみいだすようにとの、「研究」姿勢を示唆するものでもあるし、毎年同じ内容の講義を聞いても、我慢してうなずくべしとの、「聴講」姿勢を示唆するものでもある。

もっとも、『聞書』などの各種『行実』類の集録・作成・編纂の動機には、「まぶたの父」の復元といった個人的事情からでは説明不可能な、ある種の背景が存在していた。享禄錯乱で失脚した直後と、元亀期から天正期の石山合戦の時期に、『行実』類の書写・編纂が集中しているからである。おそらく実悟自身、本願寺とその教団の滅亡の危機にさいして、親鸞は残る、しかし蓮如および蓮如の子供たちの事跡は抹消されるとの、絶望的な予感のもとで、必死に『行実』類を作成しつづけたのだろう。結果的に、それら『行実』類は、抹殺されることなく後世に残った。

実悟は、教典書写のさいに、「コノ文ヲ、ウツサンヒトハ、カミ（紙）ノカス・行ノカス、コレニタカフヘカラス。タトヒ異本アリトイフトモ、一字ヲモ、クハヘヲトスコト、アルヘカラス」と、厳密な原則を設定しているが、その一方、「夢」のなかで蓮如とたびたび対面し、種々の「虚話」を書きしるしてもいる。また、一〇代証如・一一代顕如の時期に、改めて、蓮如にカリスマ性が付与され、蓮如系の一門の存在意義が高まることとなった、とのきびしい評価もある。ともあれ、「中興上人」の新たなる虚像が、どのような過程で形成されていったのか、一つの課題であろう。

大谷家の歴代は、親鸞以来、帯妻をつねとしているので、多数の庶子を繁出しつづけた。しかし、当初からすべての庶子一族が、強い「家」意識をもちつづけていたかと問うと、必ずしもそうではなかった。蓮如は、半ば独立的な地方門流の指導者として存在していた、それらの傍系庶子一族に、新たに自分の名乗・法名の一字を与えて、自分の猶子とすることで、彼らを再吸収し、「一家」を再構築していった。その結果、庶子一族は、はじめて「一家衆」としての身分を得て、共通の帰属意識をもちはじめた。本願寺はさらに、それら一族のもとへ、家司として下間《しもづま》氏の庶子を派遣している。なお、血縁的なつながりがあっても、時の宗主のもとへ帰属せず、一字を付与されることのない人々は、一家衆に含まれることはない。また、実悟を例にとると、彼は蓮如の子ではあるが、兄の実如から一字をもらっているので、実如の猶子ということになる。

一門・一家衆の身分

九代実如と彼の長男円如は、永正十六年（一五一九）、蓮如の子供の直系男子に限って一門衆と称し、残りの一族を一家衆とする新身分令を制定した。また、その一門のなかから、さらに特定の寺院・人物が選びこまれ、宗主補佐の役と、法義相伝の役が担われることとなった。出口光善寺・八尾顕証寺・富田教行寺など、蓮如から聖教類（横巻物）と画像類（縦巻物）を特別に与えられた、といった伝承を有する寺院がそれに該当する。がんらい個人に付与されるべき一門・一家衆の身分は、彼らの子や孫へと受けつがれ、あたかも寺格を示すもののごとく固定化していった。しかしその一方、宗主の代替わりごとに新たな庶子・親族団が形成されるのも、また必然である。その結果、一一代顕如のときに院家の制が、一二代教如・准如のときに連枝の称が、新たに設けられていった。画像類に着目すると、天正末期ごろから、袈裟に鶴丸の紋を入れこむようになる。公的なハレの場の姿に、「家紋」が導入されていくのである。

宗主は、これら一門・一家衆にたいして、領主・主人・法主としてではなく、多数の猶子をかかえる大規模な「一家」の「家長」として臨んだ。一門・一家衆は「家内」の人々であり、時の宗主の分身でもあるため、彼らに充てられる書状・消息のなかには、教化用の法語文言はほとんどみられない。また、一般の寺院にはほとんど見受けられない報恩講懇志請取消息や年末年始関係消息が、数多く存在している。とりわけ一門衆の場合は、一族の先祖忌である報恩講への出仕は必須であり、その役を担わない他の一族は、報恩講懇志を提出しなければならない義務があったからなのだろう。

他派の参入

戦国期教団は、蓮如直系の門末のみで構成されていたわけではない。原始門流の系統を引く集団が、つぎつぎと本願寺のもとへ帰参し、直系と帰参グループの両勢力によって戦国期教団が形成されていったのである。この帰参勢力の実態と意義を、三門徒派からみていこう。

三門徒勢の参入

越前を勢力基盤とする三門徒派は、南北朝期の大町如道《にょどう》を共通の始祖にいただいている。如道は、荒木門流に属する三河国碧海郡和田の円善の弟子であった。如道の跡は、二男如浄が継承（のちの大町専修寺）し、三男浄一は中野道場（のちの山元派本山福井市専照寺）を分立した。如浄は、やがて浄土宗（小坂義＝新儀諸行往生之義）へ傾斜し、そのため、如浄の元から道性（三河出身）らの「一向専修念仏往生義」の者たちが分裂、今立郡山本荘（鯖江市）に引分かれ一派をなした。つづいて大町三代目の良金（了泉）のとき、中野系の者たちが離れていき、如道直系の大町専修寺は衰微していった。道性の長男は横越証誠《しょうじょう》寺（同派本山）を継ぎ、二男如覚は父と不和になり鯖江に一寺を分立（誠照寺、同派本山）した。本願寺覚如の高弟乗専を祖とする京都出雲路の毫摂寺《ごうしょうじ》が、応仁・文明の乱で退転したおり、証誠寺善幸は、毫摂寺の善智（室は周覚の女、石田西光寺永存の妹）・善鎮らを山本荘に迎え、本寺（同派本山）として遇した。善幸はまた、自分の娘の夫に永存の弟兼慶（玄秀）を迎え、善智の養子としている。かくして、三門徒各派は、分裂を重ねながらも、とくに南条郡・今立郡・丹生郡一帯に拡がっていった。

大町専修寺では、時の住持がにわかに還俗《げんぞく》したため、三河勝鬘寺蓮光の娘を妻にしていた永存の三男蓮慶が入寺した。勝鬘寺の祖たる人物は、如道と兄弟弟子の関係にあったため、如道系の由緒寺院とみなされていたのだろう。三門徒派の祖寺である大町専修寺は、ここに本願寺系寺院として復興される。横越証誠寺の上釣坊玄秀は、文明四年蓮如に帰参し、武生市毫摂寺の善鎮（正闡《しょうせん》坊と号す）は、文明十四年蓮如のもとへ帰参する。一八歳のときといわれている。鯖江誠照寺は、蓮如の吉崎滞在中に、「大略帰参」したとか、京都常楽寺のもとへ参じたとかいわれる。三門徒各派の帰参は、おそらく各派内の寺院・道場がバラバラになって、個々に吸収されるような帰参形態ではなく、三門徒系各派が集団単位で、新興蓮如教団へ「参入」していったものと推測される。したがって、証誠寺や毫摂寺による、門下の集団にたいする権限は依然有効であった。しかし三門徒各派は、その後ほとんど本願寺のもとを離れる。永正三年（一五〇六）の越前一揆の敗北で、越前の一向宗が禁制となり、現地の教団が解体したためである。

蓮如は、三門徒の「一益法門」や「不拝秘事」の教義を邪義と非難している。そもそも、仏と同質の人師がつぎつぎ輩出するかぎり、多数の先師を内包しつづけながらも、集団は新たな人師を中心に分裂を重ねていき、分裂後の教線は局地的となっていく。三門徒派のたえまない分裂と秘事・邪義とは、まさに表裏の関係にあった。各門流内の対等な善知識たちによる淘汰の激しい長期戦のなかで、ようやく覇権を握った人物が絞り込まれてくる。その人物の常住する寺院が、近世に入り本山としての地位を確立するのである。それが、専照寺・証誠寺・誠証寺・毫摂寺の四ヵ寺であった。

絵系図

仏光寺派は、親鸞直弟の真仏・源海にはじまる荒木門流から分立した一派で、南北朝期の了源を開祖とする。了源は、阿弥陀堂をさきに、つぎに御影堂を建立している。覚如は、『改邪鈔』で仏光寺の「絵系図」を激しく非難するが、蓮如以前の本願寺は、浄土宗系の『礼讃《らいさん》』『法事讃』を読誦し、阿弥陀如来像も中心に据えることなく、青蓮院系の僧侶として「威儀」の正装をしていた。多くの人々は、絵系図を批判する資格を本願寺はもっていない、とおもっていたはずである。宗派化をなしとげ、教義上の研鑽を積んだ現代の側からは、数百年前の絵系図批判は簡単である。しかしその批判に、どれほどの意味があるというのだろうか。

蓮如はほとんど絵系図批判をおこなっていない。逆に、「『改邪鈔』ヲ袖ニイレテ……カノ方（仏光寺の門徒）ヲ勧化《かんけ》セシムル条、不可説ノ次第」とさえ指弾している。蓮如当時の絵系図は、了源当時の法脈相承図から門徒（家）絵系図へと変化を遂げており、そのなかには、僧形で描かれている夫婦のほかに、俗体の子供までもが描かれている。その多くは、明らかに庶民といった顔だちである。また、女性の法名に「尼《に》」をつけて区別することなく、男女とも同じ法名型の例も、まま見受けられる。どの顔も晴れがましく、なかには微笑んでいるような顔も見受けられる。現世も来世も、家族一緒であるべきとの思いが、安易な現実ではなくとも、近い将来夢見ることが可能となる、そんな希望を、人々は家絵系図のなかに託し見ようとしたのではなかろうか。どの子供も、ぴったりと母親に寄り添って描かれている。それを目にした瞬間、同じ歳のころに母との別離を体験した蓮如は、批判することができないと思い至ったことだろう。「在家止住の男女」の一家とか『正信偈』『和讃』への着目とかに関しても、おそらく仏光寺のありかたから、多大な影響を受けたにちがいない。

仏光寺の参入

京都渋谷の仏光寺は、応仁の乱で焼亡し、寺基を摂津平野へ移した。性善は、文明元年その地で没した。跡をついだ経豪（妻が順如の猶子）は、文明十三年、順如を介して蓮如のもとに帰参する。三一歳のときであった。経豪の帰参を祝して、蓮如は自らの一字を与え、蓮教と改名させた。二年後には、仏光寺とゆかりの深い興正寺の寺号を与え、山科寺内（竹中ノ庄）に、興正寺を復興させた。蓮如の子供以外に一字をもらったのは、下間安芸蓮崇、加賀の古刹である願成寺蓮智、横曾根門流の本寺である報恩寺の蓮誉・蓮宗、越前和田の本覚寺蓮光・蓮恵など、きわめて限られている。

蓮如当時の畿内の仏光寺派は、諸門流のなかで、最大級の勢力を有していた。蓮如のもとに参じた段階ですでに寺号を帯びている寺院の過半は、仏光寺あるいは高田系と推測することが可能である。従来の本願寺は、直系末寺の創設を指向しておらず、したがって寺号を与えたことはなかったはずだからである。近世における興正寺派の末寺は、大和・紀州・摂津一帯に多数存在し、中国・四国一帯では、ほとんどが興正寺末であった。蓮教帰参以後の興正寺歴代住職や有力末寺が懸命な教化をしたために、このような大勢力になったとも説明されているが、帰参以前からすでに大勢力であった可能性も、一概に否定できないのである。

蓮如は寛正四年（一四六三）に、定専坊門徒の摂津柴島万福寺が所持している先徳連座像に裏書を与えた。この連座像は、荒木・仏光寺門流内での法脈相承譜を図画したものである。このことから、摂津の有力な門弟である三番《さんば》の「浄賢」もまた、仏光寺系であった可能性がうかがえる。『蓮如上人御一代記聞書』の巻頭第一条に勧修寺村の道徳入道が登場するが、その後裔という西念寺（京都市東山区）の文亀元年（一五〇一）の方便法身尊像裏書には、興正寺門徒とある。「郡家の主計《かずえ》」も『聞書』に登場するが、その後裔という高槻市妙円寺は、現在仏光寺派である。湖南の直参金森衆のなかに、下中村北道場（のちの矢島真光寺）がある。真光寺の寺伝では、蓮如のもとへ参ずる以前に、すでに仏光寺の唯了に帰依していたという。山科本願寺建立にさいして、寺地を提供したと伝えられる山科郷西野の西宗寺に、天文十年（一五四一）の画像があり、その裏書には「興正寺門徒」と記されている。大坂御坊の寺地を寄付したと伝えられる森祐光寺の「縁起」によると、同寺の前身は生玉社の神宮寺で、「仏光山摂取院」という名であった。定専坊も祐光寺も、大坂御坊を管理する「大坂六人之坊主衆」の一員である。一門寺院の大和飯貝本善寺（吉野町）の建立に寄与したと伝えられる浄宗寺や、湖北十ヵ寺の一員である金光寺も、ともに興正寺系であった。紀州へ教線を伸ばす和泉の真光寺もまた、興正寺に属している。

以上、法物類の裏書はともかく、寺伝類は玉石混交で、なかには厳密な史料批判に耐えられないものも存在しているかもしれないが、全体的な印象では、かつて仏光寺に属していた人々が、新興蓮如教団の形成にかなり尽力したことは疑いない。畿内においては、興正寺系諸勢力の「海」に本願寺系新興勢力の「舟」が浮かんでいる、このような想像図が適切なのだろう。

蓮教の帰参とは、彼が先頭を切って帰参し、翼下の人々が従うといったかたちでなく、雪崩のごとく旧仏光寺系の人々がわれさきに帰参し、それらの人々によって、最終的に迎えられるかたちだったといわれている。有力な帰参人は、一説には三六人（寺）とも伝えられる。この三六人衆の擬制的な同族団の長が、本寺住職の蓮教ということなのだろう。もっとも、帰参したからといって、すぐさま旧門末を統括することはかなわなかった。法物類の裏書に「興正寺門徒某」と、本寺名が記されだすのは、明応初期からである。蓮教は、延徳四年（一四九二）に没するので、つぎの蓮秀の代になってからということになる。

蓮教の顕密寺社制度のもとでの位階は「大納言」であり、身分的には、実如以後の歴代住持と同格である。本願寺と興正寺との関係は、織田信長と徳川家康との関係、すなわち対等にして従属的で、相互に内部不干渉の関係、このようなイメージが妥当と思われる。なお、興正寺系の寺院・道場へ授与される法物類の裏書には、「某寺門徒某寺下某」と「門徒・下」の長い記載例が顕著にみられる。それは、絵系図に象徴されるごとき、法脈重視集団としての痕跡と推測される。ともあれ、仏光寺勢の参入によって、本願寺教団は、近江や東海・北陸に限定された地域教団から、畿内に確固たる地位を確保し、あまつさえ西国・四国・九州を含みこんだ「全国教団」となるにいたったのである。

錦織寺勢の帰参

木部錦織寺《きんしょくじ》（滋賀県中主町）は、親鸞直弟の性信にはじまる横曾根門流の、畿内における本寺的存在であった。錦織寺は、南北朝期の愚咄《とつ》・慈観の代に一派を形成し、とくに湖南や大和吉野地方に教線を展開していった。錦織寺の勝恵は、蓮如の一一女妙勝尼と結婚、明応二年（一四九三）弱冠一九歳の時、蓮如に帰参、勝林坊と号し、山城紀伊郡下三栖坊（現京都市伏見区光現寺）に住した。妻が若年で没したのち、今度は一三女妙祐尼を迎え、大和吉野郡下市にあった錦織寺系の旧跡坊舎跡を継承し、そこに住まう（現・願行寺）。勝恵の帰参の事情は、明確でない。しかし蓮如の娘が二人つづけて嫁している点からみて、かなり重要視されていたことは間違いない。勝恵帰参後、錦織寺方として残った勢力は、急速に弱体化したが、解体し去ることなく、木部派としての一派を保持しつづけ、現在にいたっている。

ところで、これらの各帰参・参入グループを概観してきづくことは、各グループの「長」が、蓮如の一族と何らかの姻戚関係にあることである。このことは、本願寺と各グループの本寺とが、支配・従属といった関係下にあるのではなく、家父長とその元での「一家」といった関係下に存在したことを強く示唆する。

教団組織の実態と原理

編成の三制度

一門与力制

一族のなかには、大谷家から出て、諸国に永住した者もすくなくない。その最初の例として、六代巧如の弟の頓円が開基となった越前超勝寺をみると、旧本覚寺門徒団のほかに、加賀の有力諸寺が、超勝寺を与力・護持するよう求められたという。それら与力寺院の住持は、当然、法脈上の師匠をもっていたはずである。とすると、与力関係とは、その種の師弟関係・本末関係を超えた、別次元のものということになろう。

加賀に寺基を打ち立てた蓮如の子供たちの一門寺院にしても、従来からの門徒団というものは存在しない。そのため、各地の門末が小地域ごとに結集し、与力組織である「組」

を結成し、その護持にあたっている。願得寺実悟のもとには、石川郡内の「河原組・西縁組・六ケ組」が、本泉寺蓮悟のもとには、同郡内の「米富組・十人衆組」が与力・護持する体制となっている。天文初期の実態をみると、大坂御坊は、摂津・河内・和泉の門末が与力し、堅田坊（蓮如九男実賢の称徳寺）は、湖西勢を中心に一部湖北勢が加わって、与力護持している。奈良の門末は、明応期に飯貝本善寺（同一二男実孝、現・吉野町）の与力となり、やがて実如の時に、三河本宗寺（実如四男実円）の与力へ、ついで証如の時に、伊勢願証寺（蓮如六男蓮淳の次男実恵）の与力へと変更されている。

このような一門寺院に見受けられる、国郡単位のブロック的な与力制は、とくに地方大坊の本末制と比較すると、その差異がいっそう顕著になる。地方寺院の末寺・道場・門徒は、国境を超えて散りがかり的に発展しているからである。一門寺院は、ほとんどといってよいほど、法物類を取り次ぐ役目を果たさず、自門徒の育成をおこなっていない。それゆえ、この面で地方寺院と競合することはほとんどなかったものと思われる。一門寺院の主要な任務は、与力制で保証された一定地域内の門末を、宗主に代わって統括することだったのだろう。

ところで、一門寺院の多くは、開創にさいして、現地の有力外護者の尽力があった、という伝承をもっている。一説によると、前記の与力門末のほかに、旧来の地方寺院では吸収しきれない地侍層を、新たな基盤として求めていったのが一門寺院、ともいわれている。ともあれ、この一門与力制が、戦国期教団を特徴づけるものであることはまちがいない。近世には、各国に御坊・触頭《ふれがしら》・録所が置かれ、本山派遣の役僧が事務を担うようになっていった。その結果、一門寺院は、独自の存在意義と役割を、急速に失っていく。さらに、近世中期に、一家衆という身分呼称は廃され、内陣・余間・三之間という本願寺の建築構造部分の名を転用した身分呼称が、新たに誕生する。この新身分呼称は、庶子一族に独占されることなく、非一族寺院へどしどし開放されることとなる。

直参制

本願寺は、本寺・末寺・道場坊主などを対象に、個々の身分差を越えたものとして、「直参」という新身分を設けた。そして、数多くの直参（衆）単位を設定し、彼らを本願寺の直属構成員としていった。直参という身分名称は、本願寺の「親鸞祖像」の前に直接参ずることがかなう身分、したがって、時の宗主のもとへも直に参ずることもかなう身分、という意味である。直参身分の人々にとっての報謝行とは、称名念仏や懇志上納でなく、あくまで直参役を勤仕することである。功績・恩賞としての役免除はありえない。役勤仕の停止は、直参身分の停止に直結するからである。

各直参単位の者は、それぞれ定められた月日に、本願寺へ出仕し、「宗祖」あるいは「宗主」に関係するなんらかの役を、それぞれ担っている。役には、御影堂の「親鸞祖像」等を護るための門役等の警護役（雑公事役《ぞうくじ》）と、本願寺年中行事役（出仕夫役《ぶやく》）とがある。年中行事役は、三〇日間の御堂番役と報恩講・宗主葬儀・同年忌法要・月例宗祖忌法要・月例前宗主忌法要との、斎・非時頭役からなっている。ともに、宗祖と宗主とにかかわるかぎりでの出仕である。これら頭役・番役を順次勤める直参の者を、「番衆・頭人」と称し、番は「御番」と、敬語を冠されてもいる。

雑公事衆を差配する人物として、『天文日記』などには、専属の番頭の名前が書きしるされている。おそらく、宗主家の家司たる下間《しもづま》氏の指揮下、下間氏→専属番頭→諸国上番衆という系統で、平時には雑事・警護の任がはたされ、戦時には直轄的な軍事力が構成されたのだろう。もっとも戦時には、御堂番衆や頭人は最適でなく、雑公事番衆だけでも足りず、現実的な戦力として、「一戦方ニ然るべき仁」を多数必要とした。畿内天文一揆時には、「雑賀衆三百人計上候（中略）御堂ニテ御酒下され候」との記事が見られる。「オホヤケ」の「ハレ」の場である親鸞祖像の前で、非直参身分の者に「酒」を下して一時的直参分とし、酒を下してその身分を解く、その種の手続きが必要だったのである。

出仕勤役を担う頭人は、宗教行事への参加のほかに、一見非宗教的な「斎・非時」の食事役を負担している。番衆も、上番のさいには「樽」を差し出している。二月時の親鸞忌頭役を勤める直参金森衆は「苦菜《にがな》ノ御頭」と、五月時の親鸞忌頭役を勤める堅田本福寺は「黒米ノ御頭」と称されている。このような諸国直参衆による飲食物の提出行為の本質は、各地の特産物とか各季節の産物とかの、いわゆる「貢物」の献納と推測される。とすると、直参衆は、宗主が本山でおこなうおおやけの年中行事的な教団祭祀に臨んで、出仕・勤役という「夫役」をはたすことと、特産物を献納することで、教団内での公的な身分を得ている、という解釈が可能となろう。この種の、役の負担による身分の獲得というパターンは、じつのところ、顕密大寺社から村落内の宮座にまで、共通してみうけられるものである。そのなかで、あえて本願寺的な特徴は、所領でなく人が担い、かつ、諸行事の結ばれる先が、すべて「親鸞」に行き着く点に求められる。

戦国期の本願寺教団の身分は、これら直参衆と、直参衆のもとにつどう陪臣身分の被直参衆との、この二類型の人々で基本的に構成されている。それは、従来からの師匠と弟子（門流的身分）、本寺と末寺・道場（本末的身分）、坊主と門徒（社会的身分）とは異質な新身分である。直参の者の中には、弟子・末寺・門徒身分の者もおり、「大坂六町衆」などの町民・商人や「加賀四郡衆」などの地侍身分の者など、さまざまな階層の人々におよんでいる。したがって、直参制は、所属する世俗世界の生の声を、時の宗主のもとへ直接持ち込み、宗主の生の声を直に受けとめうる、構造上の特徴を有しており、必ずしも、手次本寺たる大坊主分の意見のみが反映するような近世的構造とはなっていない。

各地域での実際の直参寺院・直参衆の存在形態は、末寺・道場を従えた地方本寺型、特定の本寺を欠く「衆」的結集型、一門衆を護持する与力衆型、この三類型からなっている。本願寺サイドとしては、この三類型のどれか一つの型を選択的に育成しようとしたり、他の型を排除しようとした形跡は見受けられない。主眼が、年中行事の恒常的維持に置かれ、三類型とも、現実に進行している、いわば生きた型であったからなのだろう。

本末制

中世においては、師匠から弟子への法義の相承による師弟制の形態が主流であった。各地に存在する門弟は、錯綜しながら展開する諸門流・諸派の師匠のもとで、かなり個別的・分散的な存在であった。この師弟制は、中世の各時期を通じて間断なく、人と人との関係から永続的な寺院相互間の関係へと変化を遂げていき、じょじょに本寺と末寺・道場という縦型の組織形態へと組みかわっていく。おそらく、本寺サイドによる末寺・道場を育成していこうとする意欲、末寺・道場サイドからの法物・消息下付を願う要求、この両者の意向が合致して、本末関係が形づくられていったのだろう。もっとも、師匠から本寺住職へと変化しても、依然として末寺・道場の坊主・門徒への法名下付権を有し、擬制的な一族の長のごとき立場でありつづける。なお、文明十六年作成になる、三河上宮寺の「如光弟子帳」をみると、末寺・道場坊主に四類型がある。寺号を有する末寺・坊号の道場坊主・法名のみの坊主・地名のみの門徒団である。

近世に入り、幕府は、自立的な進展を遂げていた本末制に着目し、それを寺院統制策として援用、立法化をおこなった。その結果、特定の本寺をもたず、本寺にたいして役勤仕しないで済む寺院・道場の存在は、許されなくなっていった。本末制による宗派化の進展と完了、これこそ近世仏教を特徴づけるものとなったのである。以上、種々の組織体制・組織原理を検討してきたが、私見では、中世の門流制→直参（与力）制→近世の本末制へと大きく変化していき、そのうちの直参制こそが、戦国期教団を特徴づけるもの、と思っている。

年中行事と地域的結集

年中行事

本願寺では、さまざまな年中行事がおこなわれている。大別すると、弓弦などの習俗的行事、生見玉《いきみたま》（生御魂）などの通仏教的行事、本願寺独自の年中行事に分けられる。三類のなかで諸国の直参衆が参加するのは、第三の年中行事のみであり、この行事こそ、もっとも主要な宗派・教団としての行事とみなすことができよう。そのなかでもさらに代表的なものは、十一月の報恩講と毎月の親鸞忌・前住持忌の三法要である。親鸞忌の法要は古くからおこなわれた可能性もあるが、蓮如の代より前に、前住忌の法要がおこなわれていた徴証はない。これら三法要は、顕密諸寺社がとりおこなっている「祭り」に、不特定多数の人々が集うような「イベント行事」ではなく、諸国の直参衆のそれぞれが、各法要の一部を分担し、主体的・固定的に参画する形をとっている。

本願寺の月例二行事は、さっそく各地の寺院・道場でも援用されていった。堅田本福寺の場合、毎年五月二十八日の親鸞忌が、本願寺へ出仕する頭役の日であった。本福寺の法会の日は、毎月十八日（前住存如の忌日に該当）で、一二単位に分かれた門徒団の責任者が、月ごとに順次頭人として本福寺へ出仕した。一二門徒の一人である法西は、毎月十日の母の忌日を道場での「念仏の日」とした。加賀のある門徒は、自分の所属する本寺に安置されている蓮如画像を「廿五日の御聖人様」と表現している。本寺の諸江殿（正法寺）かあるいはその門徒の道場かで、蓮如の忌日の二十五日にあわせて月例法会が開かれていたからにちがいない。

実如・証如の『証判御文』のなかに、蓮如の「毎月両度講中」あての御文が加えられている比率はかなり高い。先祖忌・親忌を核とする年中行事は、本福寺とその門徒団に限った例外的なものではなく、多くの地方寺院や道場の目からみると、本願寺が積極的に奨励する推薦行事とさえおもわれたことだろう。この行事体系は、巨大な「家」構造の教団に適合するものであった。本末制度も寺檀制度もない戦国期にあって、本山も寺院も道場も、月例行事の役を勤める人員を固定的構成員（衆）と位置づけ、この体制の恒常的維持をめざし、構成員が一定地域ごとに集団化することを求めていったのである。

報恩講の原風景

蓮如は延徳元年（一四八九）、七五歳をもって隠居し、子の実如に寺務を譲る。本願寺を継いで以来、新たな宗派の形成に全力を傾けた三二年間であった。側近の空善は、蓮如の隠居の年の報恩講に結集した人々を列記している。

十一月廿二日御斎　浄恵・福田寺・誓願寺「北郡三ケ寺」〔福勝寺〕『箕浦宝福寺』
同夕部　慶乗「興正寺門徒→十年以後」〔西光寺〕『京都六条蓮蔵院』
廿三日御斎　本遇寺「大坂六人坊主衆」『近江勝安寺』
同非時　浄顕「大坂講衆」『摂津木津願泉寺』
廿四日御斎　道顕「堺の三坊主」〔善教寺〕『堺善教寺〔慈光寺〕』
同非時　仏照寺「仏照寺→十年以後」〔仏照寺〕『摂津目垣仏照寺』
廿五日御斎　出口対馬「所々坊主衆」〔真宗寺〕『京都四条金宝寺』
同非時　吉野衆「摂津善源寺」〔真宗寺〕『京都九条西光寺・摂津野田円満寺』
廿六日御斎　大和祐淳「越前衆」〔越前衆〕『美濃越前九ケ村同行中』
同非時　美濃尾張両国「美濃尾張」〔真宗寺〕『京都西教寺・大和名称寺』
廿七日御斎　「慈願寺」〔慈願寺〕『摂津浄照坊』

同非時　「近江石畠弘誓寺」〔湯次誓願寺〕『近江弘誓寺・法蔵寺・本誓寺門徒中』

そこには、福田寺・誓願寺らの湖北衆、赤野井慶乗らの湖南・湖西衆、摂津三番の浄顕（のちの定専坊）、道顕（のちの真宗寺）らの堺衆、吉野衆、大和祐淳（のちの願成寺、天文一揆で廃絶）らが記されている。蓮如と手を携えて、教団の確立に参画した群像である。このなかの福田寺・誓願寺は、南北朝期の本願寺覚如に帰依したという伝承をもつ古刹であり、摂津仏照寺は、荒木門流の畿内における本寺格の大坊である。しかし、このような有力寺院とともに、慶乗・浄顕・道顕・祐淳らのいまだ寺号を帯びていない蓮如の直弟たち、代表者となるべき特定の有力直弟のいない吉野衆や「美濃尾張両国」衆らの直参集団が、堂々と列座している。なお、「　」は天文初期に、〔　〕は天正末期に、『　』は大正期に登場する頭人名である。七日間の報恩講のそれぞれの斎・非時の勤行と会食を担う各頭人は、集団的・固定的であることがうかがわれよう。

報恩講中の諸行事を復元してみると、開門→晨朝《じんちょう》勤行→日中法要→斎の勤行→逮夜《たいや》法要→非時の勤行→讃嘆→改悔→談合→閉門、という流れになっている。このなかでとくに、改悔に注目してみたい。

本願寺の開門と同時に、大勢の人々がわれ先にと詰めかけ、圧死者もでたという逸話は、最前列の席を取り、改悔《がいけ》（表白）を出言したいという人々の熱気を感じ取ることができる。大勢の人がいっせいに自分の信心の表白を言いだすので、聞いている側では、何をいっているのかほとんどわからなかったという逸話も、おそらく改悔の場の様子を告げるものであろう。当然、即席の改悔は不可能であり、ふだんから路地大道などで法義問答をおこなって、鍛え上げ、その総仕上げとして本山報恩講に臨んだはずである。各自の改悔や仏徳讃嘆の法話は、一方的に語りかけ、一方的に聞き流して終わるのではなく、談合・談義という時間帯で、意見が相互に交換され、復唱され、それでもって一日の行事が終了する。現代のような、特定の僧侶のみが主導し、参詣者はもっぱら受動的、というスタイルとはかなり異なった、僧俗の入り混じった「報恩講教団」とでもいうべき「原風景」である。

なお、讃嘆とは、「正行《しょうぎょう》」を構成する助業の一つである。従来は、どのような形で具体的に讃嘆すべきかという点にかんしては、何の試案も提示されていなかった。蓮如は、讃嘆の具体相を、法座・説教というかたちで新たに実態化していったのである。助業のうち、供養の具体相は何なのか、すこぶる難問であるが、先祖忌・親忌の行事体系の構築が、その具体相であると推測してみたい。

各地の直参衆は、それぞれ地元でどのような体制をとって、本願寺の諸行事に臨んでいたのだろうか。つぎの史料は、この点を明示する貴重なものである。

広域的な結集

一、天文拾八年　　等覚坊年行事
一、天文拾九年　　この（小野）
時〔斎〕五月廿八日御百銭すみ……
高額　九貫八百八十七文　〔九月二日／御頭入候〕……
高額　八貫四百文　霜月廿六日ひじせん入用……
一、同廿年　永徳寺年行事にて（以下略）

この「年行事覚」によると、美濃の各直参寺院と直参衆は、毎年一ヵ寺ずつ順番で責任者となり、五月の宗祖忌の斎頭役・九月の前住忌の斎頭役・報恩講非時頭役の三種類の役銭を一括して徴収したり、差配している。各直参寺院がそれぞれ単独でおこなわず、一国的規模で結集して事に当たっているのである。これらの役銭は、「八百文性顕寺、同安養寺……、五百文西円寺、同等覚坊、同この専精寺……、なかそね十ヶ所……」と五〇単位以上の直参寺院・直参衆へ、それぞれの実情に応じて割り振られている。さらに、性顕寺の場合は、自己の負担分を「一、京升弐斗蓮教寺。一、同壱斗光照寺……」と、計五七ヵ所の末寺・道場へ、再度割り振っているのである。

以上から、本山年中行事にかんする負担分は、一国内の末寺・道場を含む全門末が分担するかたちをとっていることがわかる。そして、この本願寺への公事役負担制を軸にして、一国内の直参衆が総結集し、直参の下に存在する多数の末寺・道場も、それぞれ一定の分担額を担うことで、固定化・組織化されていたこともわかる。本山年中行事にたいする役勤仕は、たんに教団内の新身分の設定という面にとどまらず、一定地域内での集団的結集といった組織化の面にも、きわめて重要な役割を果たしていたのである。

法物考

これまで、法物類にかんして、本尊・連座像の制定意義など、ところどころで取り上げてきたが、今一度、残る問題にかんして、検討を加えてみよう。戦国期の法物類は、「五尊」と称されるごとく、本尊（名号・絵像・木像）と親鸞画像・歴代画像・太子七高僧画像・親鸞絵伝の各種画像類からなっている。五尊類は、門流段階の法物である光明本尊を起源とし、光明本尊の各部分が独立し、簡略化したものである。従来の門流段階での画像類は、本尊の一種であり、聖教類（横巻物）と対《つい》になる相伝物（縦巻物）であった。蓮如はそれら画像類に、新たな別の機能・役割を担わせていったのである。

絵像や画像の裏書には、受給者（願主）の法名が記されている。願主の多くは、地方本寺に属する末寺・道場坊主たち、あるいは門徒身分のものたちである。蓮如は、本寺よりすでに与えられていた願主の法名を追認し、再度、公的な「名づけ親」として、願主項に同じ法名を記しつづけていった。複合大家族集団の「家父長」である蓮如と、そのもとでの膨大な「猶子」群、このような原理のもとで、教団への結集がすすめられていったことがうかがえよう。思えば、六歳のときに生母と「生き別れ」た布袋丸《ほていまる》であった。結婚してからもつぎつぎと生まれる幼児を、里子に出しつづける親であった。しかし最終的には、無数の人々の「名づけ親・心の親」となるにいたったのである。

表に図画されている親鸞や蓮如の顔面に注目すると、白い化粧痕の残っているものとか、唇にも紅の痕が残っているものが散見される。親鸞も歴代住持も、公の「ハレ」の姿で礼盤とか上畳に着座している。受給者は、時と所を超えて、「ハレ」姿の画像の人物に面受しているのである。この結果、一門・一家衆や直参坊主衆ばかりか、彼らの下のいくたの陪臣的な坊主衆・門徒衆すらも、ともに本願寺の宗祖・宗主のもとに結集していこうという共通意識を、しだいにもつようになっていった。

蓮如が下付した法物類は、北陸・東海一帯に集中しており、この地域の人々が強力に蓮如を支持していたことがうかがわれる。下付の本尊は、寛正期までの十字名号から、文明期以降の阿弥陀如来絵像へと変化している。蓮如・順如裏書の絵像本尊（写も含む）は一四五点・画像類は一六五点が知られている。実如裏書の本尊は六六〇点・画像は一二〇点、証如のは本尊二四〇点・画像一二五点、顕如のは本尊一五〇点・画像一二〇点ほどが報告されている。絵像本尊は、実如期がピークで、その後急速に減少に転じている。画像下付数は、ほぼ横ばい傾向がつづいている。画像類の役割は、戦国期を通じて間断なく発揮されつづけていたことがわかる。

五尊の下付順に注目すると、歴代画像が先で親鸞画像が後の場合と、その逆の場合が見受けられる。通常、本寺クラスの寺院には親鸞画像が、直参であっても末寺・道場クラスのところには、先に歴代画像が下されている。飛驒の場合をみると、最初に蓮如に帰依した人物二人に親鸞画像が与えられた。しかし、本寺の住職である照蓮寺明心が成人となり、本願寺に帰依することが確実となった段階で、親鸞画像は本寺へ移されている。以後照蓮寺門徒団は、本寺照蓮寺のもとに結集しないかぎり、もはや親鸞画像と対面しえなくなったのである。天文八年八月二十六日下付の「興正寺門徒但馬国惣仏」とある親鸞画像は、但馬の三ヵ寺が各一〇日ずつ「給仕」していた。直参「河野衆」は一八門徒団で構成されているが、親鸞画像は一幅しか与えられておらず、一八門徒団のそれぞれは、その画像を順番を決めて安置するかたちで、「共有」していた。一八門徒団や三ヵ寺の結合の核に親鸞画像が位置し、その結合から離脱すると、「親鸞」を共有しえなくなる、そんな体制だったことがわかる。親鸞画像は、本尊たる地位は消失するものの、新興蓮如教団内における組織の結集・維持の核として、君臨しなおしていったのである。

いっぽうの歴代画像は、どのような機能を帯びていたのだろうか。直参河野衆の場合、一八門徒団の個々には、すべて歴代画像が与えられている。個々の者もともに、時の宗主の面前に、直に参じうる身分だからである。いつの宗主の段階で直参身分となったのか、それを告げる象徴が、歴代画像であり、それゆえ、宗主の代替わりごとの新たな歴代画像は、不必要であった。

親鸞画像・歴代画像は、たんに寺院・道場に安置されただけではなく、たとえば、「五人替々《かわるがわる》、坊主衆御番申さるべく候」というごとく、決まった特定の者が番を組んで、護持していくことが求められている。不特定多数の人々の、任意の護持ではない。これは、本山への出仕者として、特定の諸国直参衆が設定されている形と、同一である。法制上の本末制度・寺檀制度のない戦国期において、本願寺のもとにいかに直参衆を結集させるか、また、直参衆のもとにいかに構成員を確定し、組織化するか、この重い課題を両画像類が全面的に担ったのである。本尊や聖教類は、宗主の「悔い返し」の及ばぬものであるが、画像類は、時の宗主による悔い返し権が設定されている。本願寺による教団組織の統制手段は、親鸞祖像の分身である親鸞画像の悔い返し権を行使することで、可能となっていった。ともあれ、画像は、受給者の存立基盤を強化し、宗主に依存させ、旧門流の師匠の影響力を減じさせていったのである。

末端の実像

寺院・道場建築物

現代の寺院の内陣は、奥行きが深く、暗い。だが、十七世紀末の末寺・道場の内陣奥行きは、一間《けん》半から二間ほどであった。さらに戦国期まで遡ると、法物類は「押し板」に掛けられ、至近の距離にあった、と推測される。続々と授与され出だしたまばゆいばかりの絵像本尊の光明が、押し板の真ん前に参じる人々を、摂取し、包括していったのである。法物類は、当初から一貫代の大きさが標準であった。床の間的な壁面（＝押し板）に掛けられる場合の基準が、その大きさだったからである。蓮如当時は、まったくといってよいほど、木仏許可の史料はみられない。そもそも、壁面に木仏を置く習慣は、なかったからでもある。

吉崎御坊は、一説によると四間四面の規模であったといわれる。本福寺に属する真野今宿南道場は、二間×三間であった。おそらく、他の寺院・道場の多くも、現在のわれわれが想像する以上に、小規模だった可能性がある。近世には、寺院の礼盤・前机の設置は許可制になっているので、戦国期にはほとんどその種の仏具類はなかったものと推測される。かりにあったとすると、床の間の法物類の下半分は隠れてしまう。出仏壇形式にすると法物類は、前机に隠されることはなくなるが、すると、奥行きがないために、礼盤・前机の置き場所に苦慮することとなろう。

現存本堂の中で最古のものといわれる飛驒高山市の照蓮寺は、本堂の改築のたびに屋根が高くなり、軒の部分も反《そ》りが入って、だんだんと寺院建築物らしくなっていったが、当初の屋根はきわめて低かったらしい。また内陣が畳敷で、在家の住宅の座敷が道場化したものと推測されている。本願寺にしても、外陣と比較して内陣が上段化されたのは、文禄以降であった。住宅には、もともと特定の部屋だけが上段になっている「造り」は、ほとんどなかったものと推測される。とすると、「平座《ひらざ》」とは、教義的な理念である前に、現実そのものだった、ということになる。

寺院由緒書類をみると、在家の隠居所が道場となり、やがて寺院化したケースと、村堂・村社が道場・寺院化していったケースの、二類型があったことが知られる。前者の場合は、角柱・上段欠・襖の仕切りの存在とか、後門なしという特徴を引きずっているはずである。後者の場合は、村のなかの太子堂・阿弥陀堂・観音堂などと同様に、安置仏を中心にして、畳が回り敷きという特徴を引きずっている可能性が考えられよう。

懇志の意味

蓮如のもとには、各種法物類の冥加金《みようがきん》や、その他の一般的・随意的・非恒常的な懇志が、膨大に集まったことだろう。大坂御坊は、蓮如の草書六字名号の冥加金で建てられた、とも伝えられている。もっとも、現在の私たちは、これを偉人伝にありがちな「立派」な話として聞き流す。でもおそらく、それは事実であった。蓮如は、僧侶の身である自分への懇志とみずに、阿弥陀如来あるいは親鸞にたいする懇志、すなわち、あくまで「仏物《ぶつもつ》」の世界に属するものと受けとめている。宗派化の原則が、なによりも仏の領分と僧の領分の区分けに置かれていたからである。聖なる貢ものの懇志は、仏物であり、僧物・人物へと、安易に流用・還流すべき性格のものではないのである。

現代の教団運営において、財政のしめる地位はすこぶる高い。しかし、だからといって、戦国期教団においても同様だったかというと、そうではない。懇志上納よりも、役勤仕にこそ比重がおかれていたからである。懇志の内容は、役勤仕を欠いたための代替懇志（報謝業の金銭換算分）と、直接構成員たる直参衆以外の人々の差し出す臨時懇志の二類からなっていた。このことは、文書群の概要からも裏付けられる。すなわち、寺院あての文書には、懇志請取の感状がほとんど見受けられない。直参役を担っている寺院には、その種の感状は本来不要だからである。ほとんどの懇志請取消息には、法語が書き加えられている。そのため、懇志請取消息は、のちに「御文の御消息」と称されるようになる。直参役を担っている者は、その任務中に、直接法話を聞くことが可能である。直参役を勤仕しない不参の直参衆、あるいは本願寺に直属しない外延部の人々を対象にした消息には、あえて法語が必要だったのだろう。

天正・文禄・慶長期の懇志請取状には、多数の提出者名が一人ずつ列記されているものがある。そこには、俗名の成人男性とともに、多くの「母・娘・乳母・やもめ・後家」などが列記されている。それら女性群は、この時代に実施され出した「太閤検地」において、「役立たず」の者として排除されつつあった人々である。三河の佐々木上宮寺は、関東各地に点在する幕臣（旧門徒）宅を勧進して回り、再建懇志を集めているが、懇志提出者の過半は、これらの女性たちであった。彼女らの無数の力・無言の力で、慶長期の本堂再建が実現できたといっても、過言ではない。

懇志請取消息の大半は、講あてのものである。講が蓮如当時から多数存在していたものか、顕如期ごろから一般化するのか、その議論は分かれている。私見によると、たしかに在地の組織体としての講は、加賀の特殊な講などをのぞいて、蓮如期にはほとんど未発達であったことは間違いない。しかし、宗教行事名としての講は、『御文』などに「毎月両度講中」・「毎月両度の御講」・「毎月の会合」・「毎月両度の御頭」という文言で書きしるされている。この毎月両度講中あての『御文』は、実如期の『証判御文』のなかにも、かなりの頻度でもって組み込まれていることから、本願寺としては、積極的にその種の行事をおこなうよう、希望していたことは疑いない。したがって、宗教行事としての講は、本寺・末寺・道場さらには在家宅など、あらゆるところで執行されていたものと思われる。「御講」という宗教行事を遂行せんがため、寺院・道場・在家宅などでは、月に一、二度をめどに「寄合・談合」をおこなうこととなる。『御文』の掟の章などでは、何度も繰り返し、衣装を華美にすることとか飲食に重きを置くことが、戒められている。でも寄合は、「如来・聖人にみやづかひ」すべき「ハレ」の場での行事であり、着飾っての共飲共食は、至極当然のことであった。

講の実像

やがて行事名は、じょじょに、その行事を担う集団組織名へとかわっていく。そして、その講組織が、取次の手を経由して本願寺に懇志を任意提出し、法語消息の下付を願うとき、ここにはじめて懇志請取消息が作成・下付されることとなる。直参衆も、自らの宗教行事を担う講組織をもっていたはずである。しかし、直参講の主たる任務は、懇志上納でなく、やはり役勤仕が主でなければならない。したがって、懇志を差し出す講組織は、必然的に直参衆を取次とする最末端の非直参同信集団ということになってくる。なお、懇志をどれほど上納したとしても、役とは別物なために、講組織と道場・末寺・本寺・本願寺との間には、本末的な上下関係を成立させることはない。

在家の諸問題

蓮如の教説は、特定の宗教的素養のそなわった人、特定の身分・職業に携わる人だけを対象としたものではない。また、村とか一定地域の安穏を祈念しないので、世俗の諸組織のバックアップは当初から期待できず、その分だけよりいっそう、「初心なる方へもかやうにすゝめられ候へく候」というように、多数の人々へはたらきかけは必須であった。蓮如の言行録によると、「あきなひ」という商行為すら、如来・聖人よりの賜りもの（御用《ごゆう》）と位置づけられている。また、「侍能工商の御文」をみると、それら四種の職能の人々は、すべからくともに同じ「まよいの凡夫」であり、「三世十方の諸仏にすてられたる悪人・女人」だから、等しく如来のすくいの目当て

（「機」）なのだ、と記されている。

教説を受容する最末端の人々は、「在家止住の男女」であり、家族中の老若男女《なんにょ》がこぞって、ともに「同一信心」「一味ノ安心《あんじん》」を味わうことこそが理想とされた。時代背景としては、ようやく家庭・家族がなんとか現実味を帯びてくるような段階に入りつつあった現実が、おそらく存在していたのだろう。現代において、「個人の宗教」に対置するかたちで「家の宗教」の必要性を主張すると、時代錯誤的な感じで受けとめられるが、蓮如当時では、ある教説を一家全員でともに味わいながら、親から子へ、子から孫へ伝えていくことは、多くの庶民にとっては、まさしく理想・希望・夢・願望であった、と想像される。個人の宗教から家の宗教へという自然発生的な動向は、近世における上からの「家の宗教」化の前提をなす、「下」からの動向であった。

『御文』のなかでは、親の恩が強調されている。年中行事では、父親の忌日は当然として、そのほかに母親の忌日も少なからぬ比重で重視されている。親・家族の重要視は、他の宗派にほとんどみられない特徴であり、帯妻し家族を有する「在家教団」という特殊性と表裏をなすものであることは、まず疑いない。戦国末の薩摩や人吉の大名権力は、父母を軽んじる宗教だとして、一向宗を禁制にしている。しかし、隣国日向の高千穂（古神道の聖地）では、一向宗こそ父母をあがめる宗教として、逆に推奨されている。

在家のなかには、六字名号を掛けている家もあったことだろう。その家の者にとって、借りものの名号という意識はなく、自分の家の御本尊という意識だったはずである。最末端の道場とは、この種の在家であり、家族が最小限の同行《どうぎょう》で、家庭内の宗教的な会話が、寄合・談合となる。もっとも在家勤行の概要は、いまだ『正信偈和讃』を毎日読誦するという段階までにはいたっておらず、耳で暗記した『御文』の一部分を反芻《はんすう》したり、称名念仏を唱え続けるようなものだったとおもわれる。

近世初期の寺院由緒書のなかには、戦国期の道場段階の様子を書きしるしているものがある。それによると、青年・壮年期には世俗の職業に従事し、年老いたら隠居部屋あるいは隠居所に六字名号を掛けて、そこを道場とした、と記載されている。また、本家が世俗の職業をもち、ある分家筋が道場坊主となり、一族全員の菩提寺（道場）となるケースや、世俗の職業をもちながら同時に、俗名のまま道場坊主となっているケースなど、かなり蓋然性のある道場創建由緒も書きしるされている。多くの場合、同信者集団は、親族・一族の姻戚関係図にそって拡がりをみせており、一族に共同護持される道場、一族の有力俗人（長）を外護者とする道場など、多彩である。

蓮如の最後――エピローグ

蓮如の最後

最晩年の蓮如は、大坂御坊や富田坊で余生をすごしていたが、明応六年ごろから、老衰のためか、病気がちになっていった。明応八年（一四九九）二月に至り、突如、山科で没する意を固めた。大坂の地で没すれば、本願寺所在地でないその地が「聖地・霊地」となるおそれに気づいたためである。三月十八日、大坂御坊を出立し、途中まで迎えにきた実如に導かれて山科本願寺へ入った。そして、死が間近いと聞きつけて集まっていた「門徒万人を御覧」になり、吉野の桜を所望し、愛馬に別れを告げ、十九日以後は危篤状態におちいる。重湯《おもゆ》や薬を拒み、ただ念仏ばかりを称えつづける蓮如は、翌二十日、下間安芸蓮崇《れんそう》と対面、周囲の強い反対を押し切って蓮崇を赦免した。

「弥陀ノ本願ハ、悪人ヲ本ニ御助アルヘキトノ御本誓《ほんぜい》ナリ。徒《いたずら》者ヲ免スカ当流ノ奇模〔規〕ナリ」というのが理由である。蓮如には、道徳や道宗などたくさんの門弟がいた。だが最後におもいおこしたのは、蓮崇だった。何ものも恐れることない無限に拡がる前途……。蓮崇のなかに、自らの吉崎での日々を思いおこしたのではなかったか。対面かなった蓮崇は、「唯涙計り、物ヲモ不申分、五体ヲ地ニナケ、声ヲアケテ有難」と、号泣しつづけたという。弁解がなかったのがよい。そして蓮如没の三日後、後を追うように蓮崇も没した。無名の者が蓮如にみいだされ、北陸一向衆の頂点にたち、一転して破門となり、最後に許される、蓮崇六十有余年の、夢のごとき軌跡であった。

二十二日には、側近の法敬坊順誓が読み上げる『御文』を聴聞、二十三日からは、脈が途切れがちとなっていった。死去の前日の二十四日からは、法敬坊順誓と法専坊空善に両手足を握ってもらっている。おそらく、実如をはじめ、子供や孫などが多数詰めかけ、かたずをのんで見守っていたはずである。しかし、肉親たちに見守られる私的な最後ではなく、法敬坊・法専坊という両御堂衆が体現する、「仏法」そのものに包まれた最後を迎えたい、との堅い決意だったのだろう。

明応八年三月二十五日、昼、蓮如は、ねむるがごとく「いのち」を燃焼し尽くしおえた。

蓮如とともに戦国の荒波を乗り越えていこうと決意した万余の人波が、山科をつつみ、うねりくる「念仏の地鳴り」が、いつまでも蓮如をつつみつづけた。

蓮如の位置

　蓮如の人物像はさまざまである。教団中興の人という、意味不明の評価は別にしても、組織家・戦略家・経営者・政治家などと論じられ、宗教者として語られることはあまりにもすくない。しかし、人間蓮如・政治家蓮如・経営者蓮如とするならば、並の高僧の一人とそれほど変わらない。蓮如の蓮如たる面目は、あくまで「宗主《しゅうしゅ》蓮如」という点にあり、その他の種々の面は、その一側面でしかない。

　蓮如の語る法話は、「諸人感涙を催し……実如も御涙にむせ」ぶほどだったといわれる。他人の心はむろん、自分の子供の心のなかにまで響く「思い」を語りうる人物であった。越中赤尾の道宗は、年に二度・三度と山科本願寺へ登ったといわれる。私は一瞬、この道宗を羨ましくおもう気持ちに襲われた。道宗はきっと、心震わせ、心撃ち抜く、そのような蓮如の法話を、実際に聴聞しえたのだろう。山深い、訪れる人もまれな五箇山の道宗ではあったが、しかし「心の過疎」と無縁の道宗でもあった。

　蓮如という人物は、宗派内の人々が、たんに「中興上人」とみなす以上に、重要な意味をもった人物である。日本仏教史の千数百年の流れのなかで、門流形態から宗派形態への転換をうながす、その出発点をなしたのが蓮如であったからである。三門徒派の一派である中野専照寺は、親鸞・如道の二人をともに開山と仰いでいたが、近世の元禄期にいたり、開祖を如道一人に絞りこむ決定を下している。木部派の本山である錦織寺は、享保期まで浄土宗の勤行を主にし、あわせて『和讃』『正信偈』をも叙用し、「二宗兼学」を自称していたが、それ以降は、一宗＝真宗の選択へとむかいだしている。宗祖・教典の一元化の波が、三門徒派・木部派へもしだいに押し寄せてきたことがうかがい知れる。

現在の真宗各派は、ともに、「親鸞という人を唯一の祖師とする真宗に属する一派なのだ」、という共通帰属意識をもっている。でもそれは、鎌倉初期からあった普遍的意識ではなく、おそらく近世末か近代初期の比較的新しい歴史意識というべきであろう。他の仏教集団も、結局このころまでには、特定の宗祖・特定の本山のもとに結集し、「宗派化」を完了させる。

われわれは蓮如の直接の子孫ではない。むろん親鸞の子孫でもない。蓮如の法話に感動し、その熱い思いを加賀で、越中で、三河で語り伝えはじめた念仏者たち、その念仏者から法義を聴聞して同一念仏の道を歩み出した人々。その人々のおそらく十数代後の「念仏の子孫」が、現代のわれわれなのである。その間の教団は、一向一揆とか明治初期の廃仏毀釈《きしゃく》など、大きな政治的・社会的な激動の荒波を幾度となくくぐり抜け、平成の今日を迎えている。教団は、従来から変わることなくありつづけてきて、今後もそうだろう、といったものではなく、刻々と動きつづけ、変化しつづけていくことだろう。本書は、その教団の出発点の歴史を、微力ながら素述させていただいたものである。

略年表

〔年次〕	〔西暦〕	〔事項〕
応永二二	一四一五	春、蓮如生まれる。
応永二七	一四二〇	一二月、生母、大谷を出奔。以後行方不明。
永享二	一四三一	夏、広橋兼郷の猶子、青蓮院で得度。兼寿と号す。
永享八	一四三六	八月、『三帖和讃』を書写し、京都金宝寺教俊へ与う。以後書写例多し。
永享一一	一四三九	この年の前後に、東国下向（第二回目カ）。
嘉吉二	一四四二	長男順如誕生。前年に如了尼と結婚か。
康正四	一四五七	六月、存如没す（六二歳）。ついで、蓮如継職。
長禄二	一四五八	奈良の一向念仏衆、検断をうける。无碍光本尊の下付はじまる。
寛正二	一四六一	三月、初めての「御文」を書く。同年一一月、親鸞二百回忌。
寛正六	一四六五	一月、延暦寺衆徒、本願寺を破却。三月、本願寺と近江金森をせめる。
文正一	一四六六	蓮如、譲状を書く（第一回）。
応仁二	一四六八	三月、蓮如、譲状を書く（第二回）。延暦寺衆徒、堅田惣庄をせめる。
文明三	一四七一	四月、蓮如、大津近松坊を立ち、北陸へ赴く。七月末、吉崎御坊、建立。
文明五	一四七三	三月、『正信偈和讃』を刊行。

文明 六	一四七四	七月、加賀一揆勢、富樫政親勢と共に、守護勢・高田勢と戦う。
文明 七	一四七五	三月、一揆勢、政親勢と戦う。八月、蓮如、吉崎を退去、出口に至る。
文明一〇	一四七八	一月、蓮如、山科に御坊を造営しはじめる。
文明一二	一四八〇	一一月、御影堂完成、親鸞祖像を近松坊からはこび入れる。
文明一三	一四八一	二月、山科御坊で、本堂造営はじまる。六月、仏光寺経豪、帰参。
文明一五	一四八三	五月、順如没す（四二歳）。
文明一八	一四八六	三月、蓮如、紀州へ赴く。
長享 二	一四八八	六月、加賀一向一揆、富樫政親を敗死させる（長享一揆）。
延徳 一	一四八九	八月、蓮如、南殿に隠居。
延徳 二	一四九〇	一〇月、蓮如、譲状を書く（第三回）。
明応 二	一四九三	錦織寺勝恵、帰参。
明応 五	一四九六	九月、大坂御坊の建立はじまる。翌年一一月完成。
明応 八	一四九九	三月、蓮如没す（八五歳）。

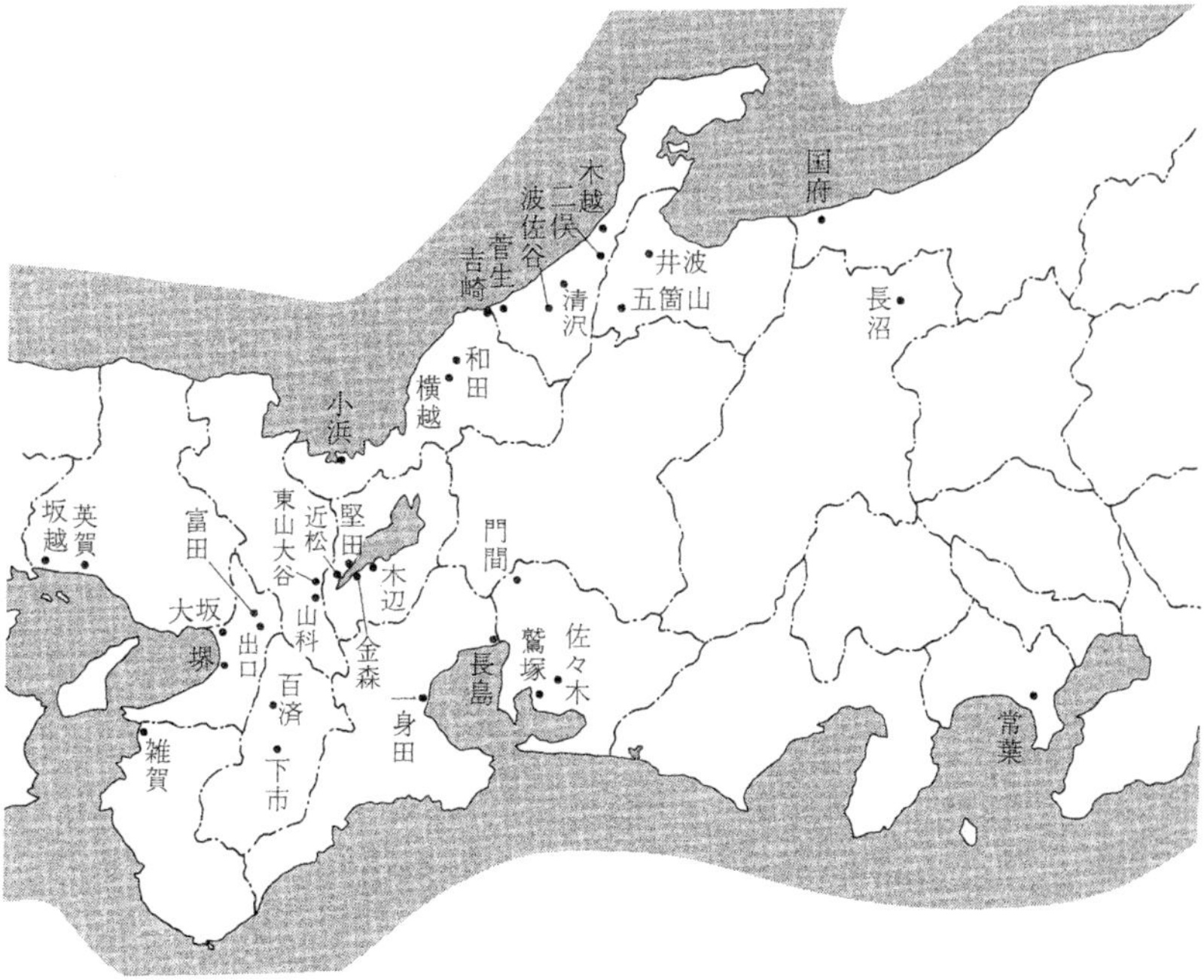
木越
二俣
波佐谷
菅生
吉崎
国府
井波
五箇山
清沢
長沼
和田
横越
小浜
坂越
英賀
富田
東山大谷
近松
堅田
門間
木辺
大坂
山科
出口
堺
金森
鷲塚
佐々木
長島
百済
一身田
雑賀
下市
常葉

関連地図

あとがき

あらためて振り返ってみると、戦国期の真宗史に関心を持ちはじめてから、四半世紀の歳月が過ぎていた。途中で崩れてしまいそうな細長い積み木細工を、延々と重ね続けてきたような、心寒い感じに襲われたり、その一方では、無機質・灰色・抽象の「渇いた」研究の明け暮れのため、心に残る思いがひとつも浮かばず、一瞬の走馬灯のような感じに襲われたりもする。

ただ、実際には、何度かの節目も確かにあった。そのつど恩師の諸先生の力添えによって、このような研究を続けてこれたのは、やはり幸せなことだった。とりわけ平成四年度以降は、千葉乗隆氏の御厚意によって、蓮如上人に関する歴史的な研究に、集中的に取りくむ機会を与えられた。おかげで、各地の僧侶研修会にもたびたび出むくことがかない、そのつど、貴重な「生の声」に直面したり、多くの原史料と対面することもできた。それらの成果をくみこんでやっと出きあがったものが、本書である。

さらにまた、数多くの著書や研究論文からも、限りない示教をえた。ただ本書の性格上、出拠を逐一明記するわけにいかず、非礼ながら、研究者の人名を列記することで、お礼にかえたいと思う。青木馨・青木忠夫・網野善彦・池上裕子・石田晴男・稲城選恵・故稲葉昌丸・故井上鋭夫・今谷明・故上原芳太郎・上場顕雄・宇佐見雅樹・遠藤一・大桑斉・岡村喜史・織田顕信・小山正文・梯実円・籠谷眞智子・笠松宏至・笠原一男・柏原祐泉・堅田修・勝俣鎮夫・蒲池勢至・川崎千鶴・神田千里・木越祐馨・鍛代敏雄・北西弘・金龍教英・故日下無倫・草野顕之・楠瀬勝・久保尚文・故黒田俊雄・小泉義博・小島恵昭・児玉識・左右田昌幸・酒井紀美・桜井敏雄・故佐々木芳雄・故佐々木求巳・佐藤進一・故重松明久・首藤善樹・新行紀一・薗田香融・園村義耕・大喜直彦・武内善信・故谷下一夢・千々和到・千葉乗隆・辻川達雄・名畑崇・仁木宏・西川宗一・西田真因・西山郷史・忍関崇・早島有毅・原田正俊・日野照正・平松令三・広瀬良弘・藤木久志・藤澤量正・藤野立恵・藤原正己・細川行信・本多正道・三鬼清一郎・三栗章夫・満井秀城・三本昌之・峰岸純夫・故宮崎円遵・村山教二・故森龍吉・矢田俊文・山折哲雄・山室恭子・吉井克信等の各氏に深謝したい。掲載写真に関しては井川芳治・山口昭彦の両氏に御高配をいただいた。

私は真宗寺院の一住職として、毎日の法務を行っている。数年前にフッと、いつまで研究を続けることが可能なのかという、漠然とした思いにかられたことがあった。日常の法務と研究とが断絶せず、現実の僧侶の目から見た蓮如および戦国期教団の研究という視点が消え去らないかぎり、なんとか続けていけるだろう、と思っている。

一九九七年五月

金　龍　静

著者紹介

一九四九年、北海道に生まれる

一九七六年、名古屋大学大学院博士課程退学

現在浄土真宗本願寺派円満寺住職

主要著書

蓮如上人の目指した地平

歴史文化ライブラリー

21

蓮　如

一九九七年　八月　一日　第一刷発行

一九九八年　六　月二〇日　第二刷発行

著　者　金《きん》龍《りゅう》静《しずか》

発行者　吉川圭三

発行所　株式会社吉川弘文館

東京都文京区本郷七丁目二番八号

郵便番号一一三－〇〇三三

電話〇三－三八一三－九一五一〈代表〉

振替口座〇〇一〇〇－五－二四四

印刷＝平文社　製本＝ナショナル製本

装幀＝山崎　登（日本デザインセンター）

歴史文化ライブラリー

1996.10

刊行のことば

現今の日本および国際社会は、さまざまな面で大変動の時代を迎えておりますが、近づきつつある二十一世紀は人類史の到達点として、物質的な繁栄のみならず文化や自然・社会環境を謳歌できる平和な社会でなければなりません。しかしながら高度成長・技術革新にともなう急激な変貌は「自己本位な刹那主義」の風潮を生みだし、先人が築いてきた歴史や文化に学ぶ余裕もなく、いまだ明るい人類の将来が展望できていないようにも見えます。このような状況を踏まえ、よりよい二十一世紀社会を築くために、人類誕生から現在に至る「人類の遺産・教訓」としてのあらゆる分野の歴史と文化を「歴史文化ライブラリー」として刊行することといたしました。

小社は、安政四年（一八五七）の創業以来、一貫して歴史学を中心とした専門出版社として書籍を刊行しつづけてまいりました。その経験を生かし、学問成果にもとづいた本叢書を刊行し社会的要請に応えて行きたいと考えております。

現代は、マスメディアが発達した高度情報化社会といわれますが、私どもはあくまでも活字を主体とした出版こそ、ものの本質を考える基礎と信じ、本叢書をとおして社会に訴えてまいりたいと思います。これから生まれでる一冊一冊が、それぞれの読者を知的冒険の旅へと誘い、希望に満ちた人類の未来を構築する糧となれば幸いです。

吉川弘文館

〈オンデマンド版〉
蓮　　如

On Demand
歴史文化ライブラリー
21

2017年（平成29）10月1日　発行

著　者　金《きん》龍《りゅう》　静《しずか》
発行者　吉川道郎
発行所　株式会社　吉川弘文館
〒113-0033　東京都文京区本郷7丁目2番8号
TEL　03-3813-9151〈代表〉
URL　http://www.yoshikawa-k.co.jp/

印刷・製本　大日本印刷株式会社
装　幀　清水良洋・宮崎萌美

金龍　静（1949～）

ISBN978-4-642-75421-7